Sina Ziegler

LESEKOMPETENZ in der Grundschule mit BEWEGUNG fördern

Klasse 2/3

Lesen üben mit Lesespiel, Lesespaziergang & Co.

Verlag an der Ruhr

Impressum

Titel
Lesekompetenz in der Grundschule mit Bewegung fördern
Lesen üben mit Lesespiel, Lesespaziergang & Co., Klasse 2/3

Autorin
Sina Ziegler

Umschlagmotiv
Bettina Weyland

Illustrationen
s. Nachweis am jeweiligen Bild

Druck
Heenemann GmbH & Co. KG, Berlin, DE

Verlag an der Ruhr
Mülheim an der Ruhr
www.verlagruhr.de

Geeignet für die Klassen 2–3

ISBN 978-3-8346-6352-8

Inhaltsverzeichnis

Vorwort

Liebe Kolleg*innen,

wir alle wissen, dass eine gut ausgebildete Lesekompetenz für das gesamte Leben von enormer Bedeutung ist – denn Lesen zählt zu einer der wichtigsten Kulturtechniken überhaupt. Täglich begegnet uns Schrift in vielfältiger Weise. Lesen-Können ermöglicht dementsprechend Teilhabe am kulturellen und gesellschaftlichen Leben und ist zugleich die Basis für lebenslanges Lernen. Durch die sich verändernde Medienlandschaft ist die Bedeutung der Lesekompetenz dabei sogar noch gestiegen. Das Lesen wird als eine zentrale Fähigkeit angesehen, um kompetent und selbstbestimmt mit allen Medien umgehen zu können (Artelt et al. 2001, S. 69 f.; Bismarck 2021, S. 13).

Aus diesem Grund stellt die Förderung der Lesekompetenz von der Grundschule an eine zentrale schulische Aufgabe dar. Doch wie uns Studienergebnisse vor Augen führen, nimmt die Lesemotivation bereits im Laufe der Grundschuljahre zunehmend ab (vgl. Rosebrock & Nix 2020, S. 119). Umso wichtiger ist es, im Unterricht Leseformate einzusetzen, die das Interesse der Kinder immer wieder aufs Neue wecken und sie stetig zum Lesen animieren.

Gleichzeitig rückte in den letzten Jahren die Bedeutung des „Lernens in Bewegung" mehr in den Fokus – nicht zuletzt auch, weil Schulkinder in ihrer Freizeit immer weniger körperlich aktiv sind (vgl. Schmidt et al. 2021). Zahlreiche Studien haben inzwischen nicht nur die Vorteile von Bewegung auf das Herz-Kreislauf-System belegt, sondern auch die positiven Auswirkungen auf das Gehirn und somit auf ein nachhaltigeres Lernen. Nicht außer Acht zu lassen ist außerdem der Einfluss von Sport und Bewegung auf die Stimmung: Körperliche Aktivität sorgt für eine erhöhte Ausschüttung von Botenstoffen, wie Serotonin und Dopamin, was nachweislich einen positiven Einfluss auf die psychische Verfassung hat (vgl. Brägger et al. 2020, S. 11).

Deshalb ist die Idee zu diesem Buch entstanden: Leseförderung mit Bewegung zu kombinieren und damit die positiven Effekte sowohl auf die Leseleistung der Kinder als auch auf die körperliche und sozial-emotionale Ebene zu nutzen.

Doch wie kann nun die Verbindung aus Lesen und Bewegung gelingen? Und das am besten ohne viel Aufwand und dafür mit einem echten Lernerfolg? Denn als Grundschullehrerin kenne ich das auch: Man ist immer auf der Suche nach Unterrichtsideen, welche die Kinder motivieren und die ich als Lehrkraft schnell umsetzen kann.

Der vorliegende Band stellt eine Auswahl an Leseformaten vorrangig für Kinder der 2. und 3. Jahrgangsstufe vor, die spielerisch unterschiedliche Leseaufgaben mit verschiedenen Bewegungsformen verbinden. Die enthaltenen Aufgabenformate fordern die Kinder zum Lesen heraus und regen zum Austausch über das Gelesene an. Dabei können die Kinder ihrem natürlichen Drang nach Bewegung nachkommen und gleichzeitig werden unterschiedliche Aspekte der Lesekompetenz gefördert.
Die Kopiervorlagen sind dabei so konzipiert, dass sie mit nur wenig Vorarbeit im Unterricht einsetzbar sind, und sie stehen zudem in dreifach differenzierter Form zur Verfügung. So kann jedes Kind auf seinem aktuellen Leseniveau möglichst optimal gefördert werden.

Ich wünsche Ihnen viel Freude beim Ausprobieren der Leseformate in Ihren Klassen!

Sina Ziegler

Der Verlag an der Ruhr legt großen Wert auf eine geschlechtergerechte und inklusive Sprache. Daher nutzen wir das Gendersternchen, um sowohl männliche und weibliche als auch nichtbinäre Geschlechtsidentitäten einzuschließen. Alternativ verwenden wir neutrale Formulierungen. In Texten für Schüler*innen finden sich aus didaktischen Gründen neutrale Begriffe bzw. Doppelformen.

Lesen in Bewegung: Warum diese Kombination?

Fachwissenschaftlicher Hintergrund: Lesekompetenz und deren Einflussfaktoren

Unter Lesekompetenz versteht man „die Fähigkeit einer Person, geschriebene Texte zu verstehen, zu nutzen, über sie zu reflektieren und sich mit ihnen auseinanderzusetzen, um eigene Ziele zu erreichen, das eigene Wissen und Potential weiterzuentwickeln und am gesellschaftlichen Leben teilzunehmen" (OECD 2010, S. 24). Die Lesekompetenz beinhaltet demnach neben der **(meta-)kognitiven Dimension** auch **motivationale, emotionale und soziale Komponenten** (vgl. Bismarck 2021, S. 15 f.). Optimalerweise finden im schulischen Leseunterricht alle Teilaspekte der Lesekompetenz ihren Platz und werden gefördert.

Die **kognitive Komponente** umfasst zu Beginn des Leselernprozesses vor allem das Rekodieren, also das Übersetzen von Graphemen in Phonemen. Gelingt dies, können anschließend die Bedeutung von Wörtern erfasst (Dekodieren), Sätze identifiziert und in Zusammenhang gebracht werden. Mit zunehmender Automatisierung dieser Prozesse sind fortgeschrittene Leser*innen dann auch in der Lage, längere und komplexe Texte inhaltlich zu verstehen und mit ihrem Vorwissen zu verbinden (vgl. Rost & Buch 2010, S. 507).
Mit der **metakognitiven Dimension** der Lesekompetenz ist die Verfügbarkeit von Lesestrategien gemeint, die kompetente Lesende bewusst einsetzen, um unter anderem das Textverständnis zu verbessern (vgl. Bismarck 2021, S. 16).
Das Textverständnis wird dabei auch durch ein thematisches Interesse am zu lesenden Text positiv beeinflusst. Interessiert sich der*die Lesende für das Thema des Textes, identifiziert er*sie sich mehr mit diesem und ist dadurch beim Lesen **emotional** involviert (vgl. Bismarck 2021, S. 15; Rosebrock & Nix 2020, S. 95). Zu den beliebtesten **Themeninteressen von Grundschulkindern** zählen „Freundschaft", „Schule", „Handy und Smartphone", „Sport" und „Tiere". Auch spannende Abenteuer- und Detektivgeschichten lesen Kinder in diesem Alter gern (vgl. Feierabend et al. 2020, S. 6).

Für den Unterricht bedeutet das zum einen, die Entwicklung der Fähigkeiten der Kinder auf der Prozessebene des Lesens genau im Blick zu haben, um eine Überforderung z. B. durch zu lange oder zu komplexe Texte zu vermeiden. Aus lesedidaktischer Perspektive ist es zudem wichtig, dass die im Leseunterricht eingesetzten Texte inhaltlich oder bezüglich der Methode auf die Interessen der Kinder abgestimmt sind, um diese zum Lesen animieren und motivieren zu können (vgl. Rosebrock & Nix 2020, S. 95).

Gerade die **Lesemotivation** ist ein zentraler Einflussfaktor bei der Entwicklung der Lesekompetenz. Gelingt es, die Kinder durch **ansprechende und differenzierte Aufgaben** zum Lesen zu animieren, wird ein wichtiger Beitrag zur Förderung eines positiven lesebezogenen Selbstkonzepts geleistet. Ist der Schwierigkeitsgrad der Leseaufgaben dabei an die Fähigkeiten der Schüler*innen angepasst, erhalten sie dadurch die Chance, sich selbst als kompetent zu erleben und Erfolgserlebnisse zu erfahren – gute Voraussetzungen also, eine positive Einstellung zum Lesen zu entwickeln. Förderlich für die Motivation ist es dabei auch, wenn den Schüler*innen **Wahlfreiheiten und Entscheidungsspielräume** gewährt werden, z. B. bei der Auswahl des Schwierigkeitsgrades der Aufgabe oder der Lesepartner*innen (vgl. Rosebrock & Nix 2020, S. 116 ff).

Letzteres betrifft die **soziale Komponente** der Lesekompetenz, welche nach Erkenntnissen aus der Lesesozialisationsforschung eine entscheidende Rolle beim Lesekompetenzerwerb spielt. Die Motivation von Lernenden ist höher und kann auch leichter aufrechterhalten werden, wenn diese sich im Lernkontext sozial eingebunden fühlen. Des Weiteren kommt der **Kommunikation mit der Peergroup** und der **Lehrkraft** über Texte eine große Bedeutung hinsichtlich der Lesemotivation zu (vgl. Rosebrock & Nix 2020, S. 111).
Es ist also sinnvoll, dies bei der Wahl der Sozialformen im Leseunterricht zu berücksichtigen und den Austausch über das Gelesene als wichtigen Bestandteil von Leseförderung zu verstehen. Diese sogenannte **Anschlusskommunikation** beinhaltet dabei nicht nur die Kommunikation über die Lektüre nach dem Lesen, sondern beginnt bereits vor dem Lesen des Textes, indem man z. B. anhand der Überschrift Vermutungen über dessen Inhalt anstellt und gleichzeitig sein Vorwissen dazu aktiviert. Somit haben wir Lehrkräfte wichtige Werkzeuge in der Hand, um die Lesemotivation der Schüler*innen

zu steigern und sie in der Entwicklung ihrer Lesekompetenz optimal zu unterstützen:

- → Leseanimation und somit Steigerung der Lesemotivation durch **ansprechende Leseformate**
- → optimale Passung von Lesefähigkeiten der Kinder und Niveau der Texte und Aufgabenstellungen durch **differenziertes Material**
- → Textinhalte, die den **Interessen der Kinder** entsprechen
- → Leseformate, die **Entscheidungsspielräume** gewähren und die Zusammenarbeit bzw. den **Austausch** der Kinder untereinander ermöglichen

Die oben genannten Punkte wurden bei der Konzeption des Unterrichtsmaterials in diesem Band berücksichtigt: Die unterschiedlichen Leseformate bieten Abwechslung im Leseunterricht und animieren die Kinder durch ihren hohen Aufforderungscharakter zum Lesen. Alle Leseaufgaben stehen in differenzierter Form zur Verfügung. Bei den thematischen Inhalten wurden die Leseinteressen von Grundschulkindern berücksichtigt. Und nicht zuletzt ermöglichen wechselnde Sozialformen den Austausch über das Gelesene.

Nun stellt sich nur noch die Frage: Warum wird bei dem vorliegenden Material Lesen gerade mit Bewegung verbunden? Hierfür machen wir einen kleinen Exkurs in die Neurowissenschaft.

Fachwissenschaftlicher Hintergrund: Lernen in Bewegung

Es gibt eine Reihe von Faktoren, die das Lernen und somit den Lernerfolg beeinflussen. Dazu zählen zum einen Merkmale wie die individuelle Intelligenz, aber auch ein gutes Gedächtnis, sprachliche Kompetenzen, Aufmerksamkeit, Motivation und die Fähigkeit, mit Stress umgehen zu können (vgl. Korte 2010, S. 31). Fast alle dieser Einflussfaktoren können durch sportliche Aktivitäten gefördert werden.
Bei Bewegungsaktivitäten werden **Neurotransmitter, wie Serotonin, Dopamin und Noradrenalin,** ausgeschüttet, welche **positive Auswirkungen auf die Wahrnehmung, Motivation, Aktivierung und Aufmerksamkeit** haben (vgl. Brägger et al. 2020, S. 43). Kubesch (2016, S. 138) drückt dies so aus: „Inzwischen weiß man nicht nur, dass selbst durch einfache Formen muskulärer Beanspruchung (wie spazieren gehen) die regionale Gehirndurchblutung erhöht wird, sondern man kann auch belegen, dass durch Bewegungsformen unterschiedlicher Art, Dauer und Intensität zahlreiche Anpassungen auf zellulärer, molekularer und neurochemischer Ebene verursacht werden, die emotionale, soziale und kognitive Prozesse beeinflussen. Dabei machen Sport und Bewegung auch vor den exekutiven Funktionen nicht Halt, die in hohem Maße mit der schulischen Lernleistung korrelieren."

Bei diesen sogenannten „exekutiven Funktionen" handelt es sich um einen Sammelbegriff für verschiedene Kontrollfunktionen des Gehirns, mithilfe derer wir Emotionen, Gedanken und unser Handeln regulieren können (vgl. Brägger et al. 2020, S. 43 f).

Neben den positiven Effekten auf die physische Gesundheit profitieren die Kinder also auch hinsichtlich ihrer exekutiven Funktionen von bewegungsorientierten Unterrichtsformaten im (Lese-) Unterricht.

Verbindung von Lesen mit Bewegung

Im vorliegenden Band wird die Leseförderung mit Bewegung verbunden, da sportliche Aktivitäten nachgewiesen nicht nur positive Auswirkungen auf die Gesundheit, sondern auch auf nachhaltiges Lernen, Konzentration, Emotionskontrolle und Verhaltensregulation haben.
Da jedoch der Leseprozess an sich bereits viele kognitive Ressourcen bindet, ist es wichtig, die **Aktivitätsformen einfach zu halten**, sodass zur Ausführung der Bewegungen keine weitere kognitive Kontrolle benötigt wird. Die Bewegung hat demnach bei den folgenden Leseformaten eine **Stützfunktion**, der Fokus liegt jedoch auf der Förderung der Lesekompetenz.
Die Kopiervorlagen für die Kinder sind in **dreifach differenzierter Form** konzipiert, sodass jedes Kind auf seinem Niveau lesen kann, ein inhaltlicher Austausch über das Gelesene aber dennoch möglich ist. Die Texte unterscheiden sich dabei in ihrer Schriftgröße und der Verwendung von Silbenschrift,

Lesen in Bewegung: Warum diese Kombination?

Länge, Schwierigkeitsgrad des Wortmaterials und Komplexität der Satzstrukturen. Bei den Lesespaziergängen und Lesestaffelläufen enthalten die schwierigeren Texte mehr Informationen, die teilweise jedoch nicht relevant sind. Bei den Lesewegen sind falsche Fährten eingebaut, die die Kinder identifizieren müssen, um die Reihenfolge im Text dennoch korrekt nachvollziehen zu können.

Um die verschiedenen Komponenten der Lesekompetenz im Unterricht zu fördern, nimmt jedes Leseformat unterschiedliche Lernziele in den Blick:

Lesespaziergänge

Lernziele:

- → sinnentnehmendes Lesen auf Satz- und Textebene
- → Lesestrategien anwenden
- → Förderung des Arbeitsgedächtnisses
- → Verifizieren des Gelesenen anhand eines Bildes

Lesewege

Lernziele:

- → sinnentnehmendes Lesen auf Textebene
- → Lesestrategien anwenden
- → Reihenfolge im Lesetext nachvollziehen
- → Förderung der Anschlusskommunikation durch Gesprächsimpulse nach dem Lesen

Lesestaffelläufe

Lernziele:

- → Steigerung der Leseflüssigkeit durch Festigung des Wortschatzes häufiger Wörter
- → sinnentnehmendes Lesen auf Wort- und Satzebene
- → Förderung der Anschlusskommunikation durch gemeinsame Kontrolle
- → Steigerung der Lesemotivation durch Wettbewerbscharakter des Staffellaufs

Lesespiele

Lernziele:

- → sinnentnehmendes Lesen auf Satzebene
- → Umsetzen des Gelesenen in passende Bewegungen
- → Förderung der Konzentration und Aufmerksamkeit

Lesespaziergänge

Didaktisch-methodische Anmerkungen

Bei einem Lesespaziergang müssen **kurze Textabschnitte mit einem Bild verglichen** und überprüft werden, ob das Gelesene genau mit dem Bildinhalt übereinstimmt. Das Besondere daran: Die **Bilder sind nicht auf dem Textblatt** abgebildet, sondern befinden sich z. B. im Schulflur oder werden im Klassenzimmer aufgehängt, sodass die Kinder während des Lesens einen kleinen Spaziergang machen.

Aufgabe der Schüler*innen ist es, einen **Textabschnitt sinnentnehmend und vor allem genau zu lesen**. Das Leseblatt bleibt anschließend am Arbeitsplatz liegen und darf nicht mitgenommen werden, wenn sich die Kinder auf die Suche nach dem zugehörigen Bild machen. Das bedeutet, sie müssen sich das **Gelesene gut einprägen**, um es anschließend anhand des Bildes verifizieren zu können. Denn: Manchmal stimmt nur eine Kleinigkeit des Textinhalts nicht mit dem Bild überein. Deshalb ist es in diesem Zusammenhang auch sinnvoll, Strategien zu besprechen, wie man sich das Gelesene gut einprägen kann. Dazu zählen z. B., die Textabschnitte mehrmals zu lesen oder sich wichtige Informationen zu markieren. Dieses Leseformat eignet sich demnach auch, um den Einsatz kognitiver Lesestrategien zu thematisieren und deren Sinnhaftigkeit zu verdeutlichen.

Lesespaziergänge können von den Kindern in **Einzelarbeit** durchgeführt werden. Erfahrungsgemäß vergleichen die Schüler*innen gerne auch gemeinsam mit anderen den Textinhalt mit dem Bild und sichern sich ab, sodass auch eine **2er-Arbeit möglich** ist. Wichtig ist an dieser Stelle der Hinweis auf eine angemessene Lautstärke, damit die anderen Kinder beim Lesen nicht gestört werden. Die Lesespaziergänge liegen in **dreifach differenzierter Form** vor, sodass es sich bei einer 2er-Arbeit empfiehlt, dass beide Kinder Arbeitsblätter mit dem gleichen Schwierigkeitsgrad bearbeiten (vgl. Ziegler 2022, S. 46 f).

Die vorliegenden Lesespaziergänge sind so konzipiert, dass sie mit Hinführung und Reflexion **etwa 65 Minuten (1 ½ Schulstunden)** in Anspruch nehmen.

Lesespaziergänge im Unterricht

Vorbereitungen

- → **Kopieren Sie die Arbeitsblätter mit den differenzierten Texten.** Sie können vorab für jedes Kind einen Schwierigkeitsgrad festlegen oder die Kinder dürfen sich das Niveau ihres Lesespaziergangs selbst aussuchen. Die Schwierigkeit erkennen Sie anhand von Symbolen: Die schwierigsten Texte sind mit Palmen, mittelschwere mit Kakteen und die einfachsten mit Zweigen gekennzeichnet.

schwierig

- → **Kopieren Sie die Bilder und schneiden Sie diese aus.** Bei großen Klassen ist es sinnvoll, bei der Durchführung zwei Gruppen zu bilden und die Bilder 2-mal zur Verfügung zu stellen, um Gedränge an den einzelnen Bildern zu vermeiden.

mittel

leicht

- → **Hängen Sie die Bilder an einem geeigneten Platz auf**, z. B. im Klassenzimmer, Schulflur oder auch in der Turnhalle bzw. im Pausenhof. Je weiter der Abstand zwischen den Bildern ist, desto höher ist der Bewegungsanteil bei diesem Leseformat. Sinnvoll ist es zudem, die Bilder nicht in der gleichen Reihenfolge wie die Anordnung der Textabschnitte auf dem Leseblatt aufzuhängen, damit die Kinder die zugehörigen Bilder länger suchen müssen und somit auch länger in Bewegung sind. Damit das Suchen nicht zu viele kognitive Kapazitäten verbraucht und die Kinder das Gelesene wieder vergessen, sind die Textabschnitte durchnummeriert und die dazugehörigen Bilder jeweils mit der gleichen Nummer versehen.

Lesespaziergänge

Einstieg

→ Notieren Sie zur Antizipation den **Titel des Lesespaziergangs an der Tafel**. Die Kinder dürfen zuerst frei assoziieren, wovon der Text handeln könnte.

→ Alternativ eignen sich auch **einzelne Bilder aus dem Lesespaziergang als Gesprächsanlass** und zur Aktivierung des Vorwissens zu dem jeweiligen Thema des Lesespaziergangs.

→ Klären Sie ggf. **schwierige oder eventuell unbekannte Wörter**, um das Leseverstehen vorzuentlasten.

→ Wird das Leseformat das erste Mal in einer Klasse eingesetzt, empfiehlt es sich, das **Vorgehen** beim Lesespaziergang bei den ersten Textabschnitten gemeinsam zu erproben: Der erste kurze Text wird laut vorgelesen und anschließend dürfen sich die Kinder leise auf die Suche nach dem passenden Bild begeben. Im Unterrichtsgespräch wird dann gemeinsam besprochen, ob der Textinhalt mit dem Bild genau übereinstimmt und dementsprechend „richtig" oder „falsch" angekreuzt werden muss. Auch wenn nur eine Kleinigkeit nicht stimmt, muss „falsch" angekreuzt werden.

→ Besprechen Sie **geeignete Lesestrategien**, die das genaue Lesen unterstützen und es den Kindern erleichtern, sich das Gelesene gut zu merken.

Kontrolle der Ergebnisse

Haben die Kinder alle Textabschnitte auf den Arbeitsblättern gelesen und anhand der Bilder verifiziert, kontrollieren sie ihre Ergebnisse mithilfe des **Lösungsblattes** selbstständig. Für „schwächere" Kinder ist es hilfreich, wenn sie bei der Kontrolle durch Sie als Lehrkraft oder durch andere Kinder unterstützt werden. Bei abweichenden Ergebnissen lesen die Kinder den jeweiligen Textabschnitt erneut und vergleichen den Inhalt mit dem Bild, um herauszufinden, wo der Fehler bei der ersten Bearbeitung lag.

Reflexion

Wenn alle Kinder ihren Lesespaziergang beendet und kontrolliert haben, wird gemeinsam in der Klasse darüber **reflektiert**. Da es bei diesem Leseformat vor allem auch auf die Lesegenauigkeit ankommt, ist es aus lesedidaktischer Perspektive zentral, an dieser Stelle noch einmal auf sinnvolle Lesestrategien einzugehen und **Tipps und Tricks** zu sammeln, wie man sich das Gelesene möglichst gut einprägen kann. Haben die Schüler*innen das Leseformat neu kennengelernt, ist es außerdem empfehlenswert, über die Rahmenbedingungen, wie z. B. die Lautstärke, zu sprechen, insbesondere wenn der Schulflur genutzt wurde (vgl. Ziegler 2022, S. 46 f.).

Unterwegs auf dem Piratenschiff (1/2)

①

Abb.: Bettina Weyland

②

Abb.: Bettina Weyland

③

Abb.: Bettina Weyland

④

Abb.: Bettina Weyland

⑤

Abb.: Bettina Weyland

⑥

Abb.: Bettina Weyland

Unterwegs auf dem Piratenschiff (2/2)

⑦

Abb.: Bettina Weyland

⑧

Abb.: Bettina Weyland

⑨

Abb.: © bioraven – Shutterstock.com

⑩

Abb.: Bettina Weyland

⑪

Abb.: Bettina Weyland

⑫

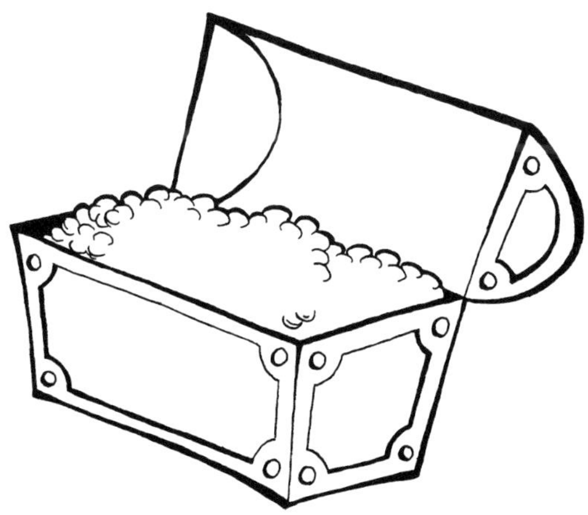

Abb.: Magnus Siemens

Unterwegs auf dem Piratenschiff (1/2)

Lies den Text.

Vergleiche mit dem passenden Bild: Richtig oder falsch?

		richtig ☑	falsch ☒
1	Die Piratenfamilie ist mit ihrem Schiff auf den Weltmeeren unterwegs. Zur Familie gehören Piratenmama Angelina, Papa Jeff und die Kinder Ida und Tom.		
2	Außerdem lebt noch Papagei Sam auf dem Schiff. Sam sitzt gerade in seinem Käfig vorn auf dem Schiff. Dort hat er das Meer im Blick und hält Ausschau nach anderen Piratenschiffen.		
3	Auf dem Schiff weht eine Piratenflagge. Damit sind sie auch aus der Ferne als Piratinnen und Piraten zu erkennen. Auf der Flagge siehst du einen weißen Totenkopf. Dahinter sind Knochen abgebildet.		
4	Weil die Familie viel Zeit an der Sonne verbringt, ist eine Kopfbedeckung sehr wichtig. Papa Jeff trägt einen schwarzen Hut mit einer großen Feder. Jeff liebt seine Piratenhüte. Toms Hut hat keine Feder.		
5	Mama Angelina und Tochter Ida tragen heute keine Piratenhüte. Ida trägt ihr gepunktetes Kopftuch. Angelina hat sich ein gestreiftes Tuch um den Kopf geschlungen.		
6	Plötzlich entdecken Ida und Tom etwas im Meer. Es ist eine Flaschenpost! Die beiden schauen sich ihren Fund genauer an: Auf den Brief in der Flasche sind 5 Blumen gemalt. Was das wohl bedeuten soll?		

Unterwegs auf dem Piratenschiff (2/2)

		richtig ☑	falsch ☒
7	Gespannt öffnet Ida die Flasche und zieht das Papier heraus. Sie hält eine Schatzkarte in der Hand! Der Schatz ist links neben einer großen Palme eingezeichnet.		
8	Aufgeregt suchen die Kinder ihren Vater. Sie rennen die Treppe nach oben und finden ihn an Deck des Schiffes. Der Pirat lenkt das Schiff mit dem großen Steuerrad.		
9	Jeff blickt nachdenklich auf die Schatzkarte. Die Blumen könnten ein Hinweis sein. Vielleicht ist der Schatz auf der Blumeninsel versteckt? Jeff holt seinen Kompass hervor. Die Nadel des Kompasses zeigt auf „W“ wie Westen.		
10	Tom und Ida halten gespannt mit ihren Fernrohren Ausschau. Plötzlich entdecken die Geschwister eine kleine Insel am Horizont! Tom sieht dort 2 Palmen. Das muss die Insel sein!		
11	Jeff lenkt das Schiff nahe an die kleine Insel heran. Mit dem großen Anker macht Angelina das Piratenschiff fest, sodass es nicht davonschwimmen kann. Der Anker ist an einer dicken Kette befestigt.		
12	Voller Vorfreude laufen die Kinder zur großen Palme auf der Insel. Sie fangen an, zu graben. Und sie haben Glück: Der Schatz ist noch da! Gespannt öffnen sie die Schatzkiste: Darin befinden sich viele Goldmünzen, eine wunderschöne Kette und ein Ring. Die Kinder jubeln.		

Fertig? Hole dir die Lösung ab und kontrolliere.
Lies noch einmal genau nach, wenn du eine andere Lösung hast.

Unterwegs auf dem Piratenschiff (1/2)

Lies den Text.

Vergleiche mit dem passenden Bild: Richtig oder falsch?

		richtig ☑	falsch ☒
1	Das ist die Piratenfamilie. Dazu gehören Mama Angelina, Papa Jeff und die Kinder Ida und Tom.		
2	Außerdem lebt noch Papagei Sam auf dem Schiff. Sam sitzt gerade in seinem Käfig vorn auf dem Schiff.		
3	Auf der Piratenflagge siehst du einen weißen Totenkopf. Dahinter sind Knochen abgebildet.		
4	Papa Jeff trägt einen schwarzen Hut mit einer großen Feder. Toms Hut hat keine Feder.		
5	Ida trägt ihr gepunktetes Kopftuch. Mama Angelina hat sich ein gestreiftes Tuch um den Kopf geschlungen.		
6	Plötzlich entdecken Ida und Tom eine Flaschenpost! Auf den Brief in der Flasche sind 5 Blumen gemalt. Was das wohl bedeuten soll?		

Unterwegs auf dem Piratenschiff (2/2)

		richtig ☑	falsch ☒
7	Ida zieht den Brief heraus. Es ist eine Schatzkarte! Der Schatz ist links neben der großen Palme.		
8	Aufgeregt suchen die Kinder ihren Vater. Der Pirat lenkt das Schiff mit dem großen Steuerrad.		
9	Jeff blickt nachdenklich auf die Schatzkarte. Vielleicht ist der Schatz auf der Blumeninsel versteckt? Jeff holt seinen Kompass hervor. Die Nadel zeigt auf „W" wie Westen.		
10	Tom und Ida schauen durch ihre Fernrohre. Da entdecken sie die kleine Insel am Horizont! Tom sieht dort 2 Palmen.		
11	Jeff lenkt das Schiff nahe an die kleine Insel heran. Mit dem großen Anker macht Angelina das Piratenschiff fest. Der Anker ist an einer dicken Kette befestigt.		
12	Voller Vorfreude laufen die Kinder auf die Insel zur großen Palme. Der Schatz ist noch da! In der Schatzkiste befinden sich viele Goldmünzen, eine Kette und ein Ring.		

Fertig? Hole dir die Lösung ab und kontrolliere.
Lies noch einmal genau nach, wenn du eine andere Lösung hast.

Unterwegs auf dem Piratenschiff (1/2)

Lies den Text.

Vergleiche mit dem passenden Bild: Richtig oder falsch?

		richtig ☑	falsch ☒
1	Das ist die Piratenfamilie: Mama Angelina, Papa Jeff und die Kinder Ida und Tom.		
2	Es gibt noch Papagei Sam. Sam sitzt gerade in seinem Käfig.		
3	Auf der Piratenflagge siehst du einen weißen Totenkopf. Dahinter sind Knochen.		
4	Papa Jeff trägt einen schwarzen Hut mit einer großen Feder.		
5	Ida trägt ihr gepunktetes Kopftuch. Mama Angelina trägt ihr gestreiftes Tuch.		
6	Ida und Tom finden eine Flaschenpost! 5 Blumen sind auf der Post.		

Unterwegs auf dem Piratenschiff (2/2)

		richtig ☑	falsch ☒
7	Es ist eine Schatzkarte! Der Schatz ist links neben der großen Palme.		
8	Die Kinder suchen ihren Vater. Der Pirat steht am großen Steuerrad.		
9	Ist der Schatz auf der Blumeninsel? Papa Jeff braucht seinen Kompass. Die Nadel zeigt auf „W" wie Westen.		
10	Tom und Ida schauen durch ihre Fernrohre. Sie sehen die kleine Insel mit 2 Palmen.		
11	Mama Angelina macht das Schiff mit dem Anker fest. Der Anker hat eine dicke Kette.		
12	Die Kinder finden den Schatz! In der Schatzkiste sind Goldmünzen, eine Kette und ein Ring.		

Fertig? Hole dir die Lösung ab und kontrolliere.
Lies noch einmal genau nach,
wenn du eine andere Lösung hast.

Unterwegs auf dem Piratenschiff

	richtig ☑	falsch ☒
1	✓	
2		✗
3	✓	
4	✓	
5		✗
6		✗
7		✗
8	✓	
9		✗
10		✗
11	✓	
12		✗

Die *Lamas* und die geschenkten Muscheln (1/2)

①

Abb.: Bettina Weyland

②

Abb.: Bettina Weyland

③

Abb.: Dorothee Wolters

④

Abb.: Dorothee Wolters

⑤

Abb.: Dorothee Wolters

⑥

Abb.: Dorothee Wolters

⑦

Abb.: Verlag an der Ruhr

⑧

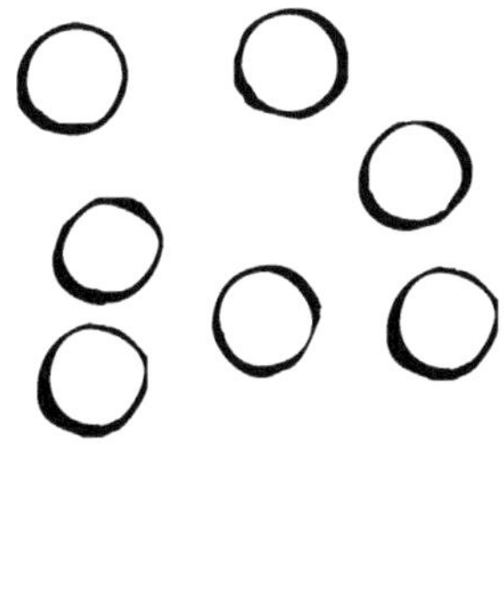

Abb.: Anja Boretzki

Die *Lamas* und die geschenkten Muscheln (2/2)

⑨

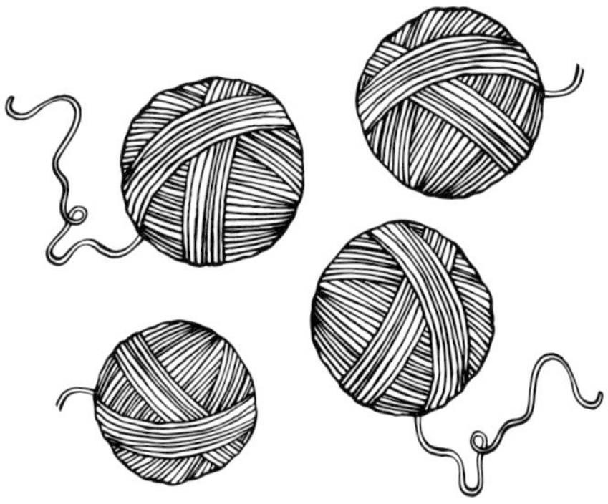

Abb.: Anja Boretzki

⑩

Abb.: Bettina Weyland

⑪

Abb.: Bettina Weyland

⑫

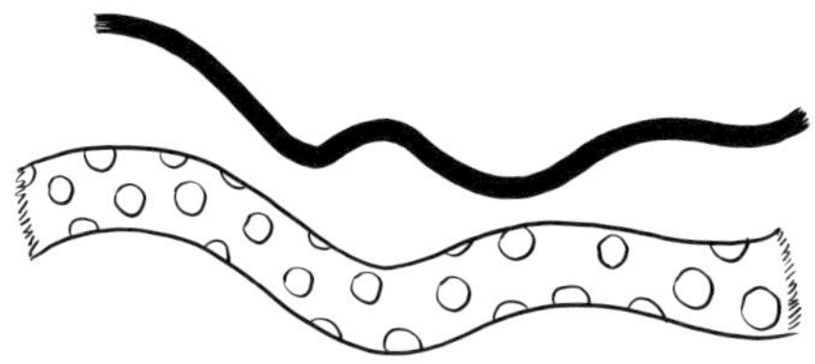

Abb.: Bettina Weyland

⑬

Abb.: Bettina Weyland

⑭

Abb.: Bettina Weyland

⑮

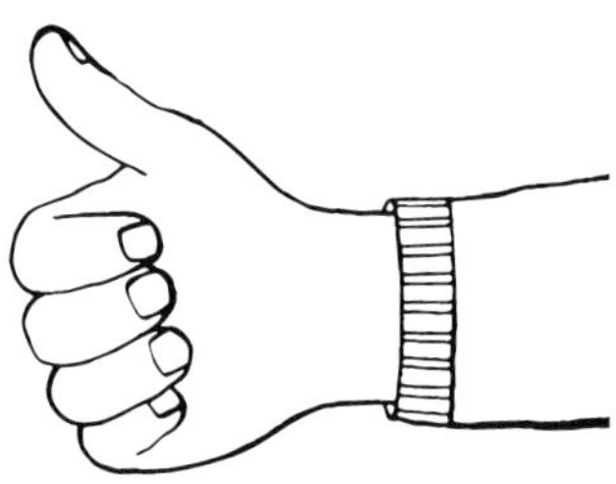

Abb.: Anja Boretzki

⑯

Abb.: Bettina Weyland

Die *Lamas* und die geschenkten Muscheln (1/2)

Lies den Text.

Vergleiche mit dem passenden Bild: Richtig oder falsch?

		richtig ☑	falsch ☒
1	Leo, Amira, Mert, Arian und Sara sind beste Freunde. Sie haben eine Bande gegründet und nennen sich „die Lamas". Zusammen erleben die 5 Kinder viele Abenteuer.		
2	Die *Lamas* spielen oft nach der Schule zusammen. Treffpunkt ist in Amiras Garten. Dort hat die Bande ein eigenes Baumhaus. Über eine Strickleiter klettern die Kinder hoch. Neben der Tür ist ein Schild angebracht, auf dem steht: „Betreten verboten".		
3	Gerade haben die Kinder Ferien. Mert, Leo und Amira sind im Urlaub. Amira ist am längsten unterwegs. Sie ist noch bis Dienstag in Italien. Aber für Mittwoch haben die *Lamas* ein neues Treffen vereinbart.		
4	Endlich ist es so weit: Die Kinder treffen sich wieder im Baumhaus. Leo hat den anderen ein Geschenk aus dem Urlaub mitgebracht. Er hat Muscheln gesammelt und möchte Amira, Mert, Arian und Sara eine Muschel schenken. Am Ende hat er noch eine Muschel übrig.		
5	Die Kinder freuen sich sehr über Leos Geschenk. Sie nehmen die Muscheln genauer unter die Lupe. Jede Muschel sieht ein bisschen anders aus. Doch Mert entdeckt eine Gemeinsamkeit: Jede der Muscheln hat ein kleines Loch! Er deutet auf das Loch in seiner Muschel.		
6	Tatsächlich! Alle 5 Muscheln haben ein kleines Loch. Da hat Sara plötzlich eine Idee: „Lasst uns aus den Muscheln Freundschaftsketten basteln!"		
7	Die anderen Bandenmitglieder finden die Idee super. Sie vereinbaren, dass alle zu Hause nach alten Ketten, Schnüren und Bändern schauen. Daran wollen sie die Muscheln aufhängen. Die Kinder verabreden sich für den nächsten Tag um 12 Uhr am Baumhaus.		

Die *Lamas* und die geschenkten Muscheln (2/2)

		richtig ☑	falsch ☒
8	Mert fragt gleich seine Mutter nach Ketten und Bändern. Doch leider hat sie keine zu Hause. Dafür kramt sie aus einer Schublade noch 7 Perlen. Die sind super!		
9	Sara besucht am Abend noch ihre Oma. „Du könntest aus Wolle eine Kette flechten", schlägt diese vor. Das ist eine sehr gute Idee! Oma packt Sara 3 Wollknäuel ein.		
10	Leos Vater hat auch eine Kette: ein Lederband. Papa hat noch irgendwo den Rest des Lederbandes. Gemeinsam suchen sie im Schlafzimmer. Doch sie können das Band einfach nicht finden.		
11	„Vielleicht ist es bei Mamas Ketten", sagt Papa. Sie schauen in Mamas Schmuckkästchen und Leo findet ein langes, schwarzes Lederband. „Das reicht sogar für 2 Ketten!"		
12	Amira geht mit ihrem Vater in den Keller. Dort bewahren sie das Geschenkpapier und die Geschenkbänder auf. Amira sucht sich ein dünnes Stoffband mit Punkten aus. Auch ein etwas breiteres, schwarzes Band nimmt sie mit.		
13	Arian ist traurig. Er hat seine Eltern gefragt, doch sie haben keine Bänder zu Hause. Er klopft bei seiner großen Schwester an. Marta macht gerade Yoga. Doch auch sie hat keine Kette.		
14	Am nächsten Tag treffen sich die *Lamas* am Baumhaus und zeigen ihre Schätze: 3 Wollknäuel, ein Lederband, 2 Stoffbänder und 7 Perlen liegen auf dem Tisch.		
15	Arian schaut traurig. Sara sagt: „Wie wäre es, wenn wir alles teilen?" Die Kinder sind einverstanden und recken den Daumen nach oben. „Ihr seid wirklich die Besten!", ruft Arian.		
16	Dann basteln die *Lamas* ihre Muschelketten. Am Ende sieht jede Kette etwas anders aus. Aber die *Lamas* sind sich einig: Alle Freundschaftsketten sind toll geworden!		

Fertig? Hole dir die Lösung ab und kontrolliere.
Lies noch einmal genau nach, wenn du eine andere Lösung hast.

Die *Lamas* und die geschenkten Muscheln (1/2)

Lies den Text.

Vergleiche mit dem passenden Bild: Richtig oder falsch?

		richtig ☑	falsch ☒
1	Leo, Amira, Mert, Arian und Sara sind beste Freunde. Sie haben eine Bande gegründet und nennen sich „die Lamas“.		
2	Die *Lamas* treffen sich oft in Amiras Garten. Dort hat die Bande ein eigenes Baumhaus. Neben der Tür ist ein Schild, auf dem steht: „Betreten verboten“.		
3	Gerade haben die Kinder Ferien. Mert, Leo und Amira sind im Urlaub. Aber am Mittwoch wollen sich die *Lamas* wieder treffen.		
4	Endlich ist Mittwoch. Leo hat den anderen Muscheln aus dem Urlaub mitgebracht. Er hat für seine 4 Freunde und für sich eine Muschel gesammelt.		
5	Die Kinder freuen sich sehr über Leos Geschenk. Jede Muschel sieht ein bisschen anders aus. Doch Mert entdeckt eine Gemeinsamkeit: Jede der Muscheln hat ein kleines Loch! Er zeigt auf seine Muschel.		
6	Sara hat eine Idee: „Lasst uns aus den Muscheln Freundschaftsketten basteln!“		
7	Die anderen Bandenmitglieder finden die Idee super. Alle schauen zu Hause nach alten Ketten, Schnüren und Bändern. Die *Lamas* verabreden sich für den nächsten Tag um 12 Uhr am Baumhaus.		
8	Mert hat leider keine Schnüre und Bänder zu Hause. Doch Mama findet 7 Perlen in einer Schublade.		

Die *Lamas* und die geschenkten Muscheln (2/2)

		richtig ☑	falsch ☒
9	Sara besucht am Abend ihre Oma. „Du könntest aus Wolle eine Kette flechten", schlägt diese vor. Oma packt Sara 3 Wollknäuel ein.		
10	Leos Vater hat selbst eine Lederkette. Papa hat noch irgendwo den Rest des Lederbandes. Gemeinsam suchen sie es im Schlafzimmer.		
11	„Vielleicht ist es bei Mamas Ketten", sagt Papa. Sie schauen in Mamas Schmuckkästchen nach. Leo findet ein langes, schwarzes Lederband.		
12	Amiras Papa hat viele Bänder. Amira sucht sich ein dünnes Band mit Punkten aus. Auch ein etwas breiteres, schwarzes Stoffband nimmt sie mit.		
13	Arian fragt seine große Schwester. Marta macht gerade Yoga. Doch sie hat keine Kette für ihn.		
14	Am nächsten Tag treffen sich die *Lamas* und zeigen ihre Schätze: 3 Wollknäuel, ein Lederband, 2 Stoffbänder und 7 Perlen liegen auf dem Tisch.		
15	Arian ist traurig. Er hat nichts dabei. Sara sagt: „Wollen wir alles teilen?" Die Kinder sind einverstanden und zeigen den Daumen nach oben.		
16	Dann basteln die *Lamas* ihre Ketten. Am Ende sieht jede Muschelkette ein wenig anders aus. Aber alle Freundschaftsketten sind toll geworden!		

Fertig? Hole dir die Lösung ab und kontrolliere.
Lies noch einmal genau nach, wenn du eine andere Lösung hast.

Die *Lamas* und die geschenkten Muscheln (1/2)

Lies den Text.

Vergleiche mit dem passenden Bild: Richtig oder falsch?

		richtig ☑	falsch ☒
1	Leo, Amira, Mert, Arian und Sara sind beste Freunde. Sie nennen sich „die Lamas".		
2	Die *Lamas* haben ein eigenes Baumhaus. Neben der Tür steht: „Betreten verboten".		
3	Die Kinder haben Ferien. Am Mittwoch treffen sich die *Lamas* wieder.		
4	Leo hat Geschenke aus dem Urlaub mitgebracht. Er hat 5 Muscheln gesammelt.		
5	Die Kinder freuen sich sehr über Leos Geschenk. Jede Muschel hat ein kleines Loch. Mert zeigt auf seine Muschel.		
6	Die Kinder wollen aus den Muscheln Freundschaftsketten basteln.		
7	Für die Ketten brauchen sie Bänder. Morgen um 12 Uhr treffen sich die Kinder wieder.		
8	Mert hat keine Bänder zu Hause. Doch Mama gibt ihm 7 Perlen.		

Die *Lamas* und die geschenkten Muscheln (2/2)

		richtig ☑	falsch ☒
9	Oma packt Sara 3 Wollknäuel ein. Aus der Wolle kann Sara Ketten flechten.		
10	Leos Vater hat noch den Rest eines Lederbandes. Gemeinsam suchen sie es im Schlafzimmer.		
11	Sie schauen in Mamas Schmuckkästchen nach. Leo findet ein langes, schwarzes Lederband.		
12	Amiras Papa hat viele Bänder. Amira nimmt ein Band mit Punkten und ein breiteres Stoffband.		
13	Arian fragt seine große Schwester. Sie macht gerade Yoga. Sie hat keine Bänder.		
14	Die Kinder haben jetzt: 3 Wollknäuel, ein Lederband, 2 Stoffbänder und 7 Perlen.		
15	Arian hat nichts dabei. Aber die Kinder wollen teilen. Sie zeigen den Daumen nach oben.		
16	Die Kinder basteln ihre Ketten. Am Ende sieht jede Muschelkette etwas anders aus.		

Fertig? Hole dir die Lösung ab und kontrolliere.
Lies noch einmal genau nach,
wenn du eine andere Lösung hast.

Die *Lamas* und die geschenkten Muscheln

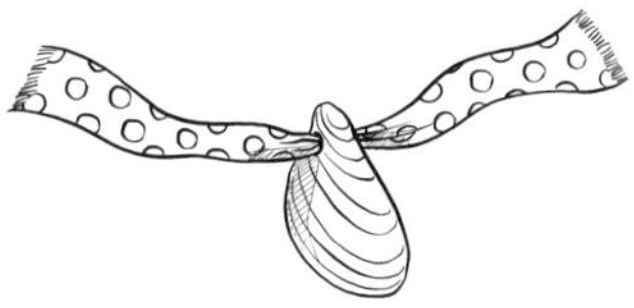

	richtig ☑	falsch ☒
1		✗
2		✗
3	✓	
4		✗
5	✓	
6	✓	
7		✗
8	✓	
9		✗
10		✗
11	✓	
12		✗
13	✓	
14	✓	
15	✓	
16		✗

Lesewege

Didaktisch-methodische Anmerkungen

Ziel der Lesewege ist das genaue und sinnentnehmende Lesen, um die Reihenfolge in einem Text nachvollziehen zu können. Wie der Name „Leseweg" bereits verrät, sind die Texte dabei so konzipiert, dass die Figuren darin einen Weg abgehen, den die Kinder herausfinden sollen.
Mit einem gemeinsamen Einstieg und einer Reflexion am Ende benötigt man für die Durchführung der Lesewege im Unterricht ca. 65 bis 90 Minuten (1 ½ bis 2 Schulstunden).

Lesewege im Unterricht

Vorbereitungen

→ **Kopieren Sie die dreifach differenzierten Lesetexte für die Kinder.**
Sie können vorab für jedes Kind einen Schwierigkeitsgrad festlegen oder die Kinder dürfen sich das Niveau ihres Lesewegs selbst aussuchen. Die Schwierigkeit erkennen Sie anhand von Symbolen:
Die schwierigsten Texte sind mit Palmen, mittelschwere mit Kakteen und die einfachsten mit Zweigen gekennzeichnet.

schwierig

mittel

leicht

→ **Kopieren Sie die Bildkarten für die Lösung und schneiden Sie diese aus.**

→ **Stellen Sie den Lösungsweg an einem geeigneten Ort dar**, indem Sie die Bilder zu den im Text vorkommenden Orten in der richtigen Reihenfolge aufhängen.
Hierfür eignet sich beispielsweise der Flur, da dieser weitläufiger als das Klassenzimmer ist und dadurch der Bewegungsanteil erhöht wird. Die Kinder, die noch mit Lesen beschäftigt sind, haben so zudem die nötige Ruhe im Klassenzimmer, um sich auf die Textarbeit zu konzentrieren.

→ **Kopieren Sie die Chatpoint-Fragen und schneiden Sie diese aus.**
Bei „Chatpoints" handelt es sich um eine Art Haltestellen, bei denen die Kinder sich anhand verschiedener Fragestellungen über das Gelesene austauschen.

→ **Hängen Sie die Chatpoint-Fragen an einem geeigneten Ort auf.**
Die einzelnen Chatpoints sollten ebenfalls nicht zu eng nebeneinander platziert werden, damit die Fragen in Ruhe besprochen werden können.

Einstieg

→ Notieren Sie zum Einstieg in die Thematik den **Titel des Lesewegs an der Tafel**.
Die Kinder dürfen ihre Vermutungen zum Text anstellen.

→ Zwei der vorliegenden Lesespaziergänge („Das verlorene Handy" und „Das zerstörte Kunstwerk") sind als Kriminalfälle konzipiert. **Führen Sie die Klasse mithilfe von Briefen in deren Rahmenhandlung ein** (vgl. Unterrichtsskizzen S. 38 und 48).

→ Vor der eigentlichen Textarbeit ist es außerdem sinnvoll, **auf die kognitive Lesestrategie „Markieren von Schlüsselwörtern" einzugehen**.
Besprechen Sie mit der Lerngruppe, weshalb diese gerade bei dem vorliegenden Leseformat sehr nützlich ist. Denn: Markieren die Schüler*innen alle Orte, die im Lesetext vorkommen, fällt es ihnen anschließend leichter, den Weg der Figur im Text nachzuvollziehen.

Arbeit am Text

Das Lesen der differenzierten Texte findet anschließend in Einzelarbeit statt, um ein individuelles Lesetempo zu ermöglichen. Aufgabe der Kinder ist es, die Reihenfolge der Orte im Text herauszufinden und somit den Weg der Figur nachzuvollziehen. Die Orte werden dabei im Text beschrieben und im anschließenden Aufgabenteil durch Bilder visualisiert.

Lesewege

Kontrolle der Ergebnisse und Austausch über das Gelesene

Nach der Einzelarbeit haben die Kinder die Möglichkeit, ihre Lösung zu kontrollieren. Da die Bilder der Orte in der richtigen Reihenfolge aufgehängt wurden, können die Schüler*innen den **Weg der Figur aus dem Lesetext handelnd nachvollziehen**. Hierzu nehmen sie ihr Arbeitsblatt zur Kontrolle mit. Für die **Anschlusskommunikation** über den Textinhalt stellen sich die Schüler*innen an einen **Chatpoint** und warten auf ein anderes Kind, um mit diesem die jeweilige Chatpoint-Frage zu besprechen. Nach dem Austausch gehen sie zur nächsten Frage und wechseln im Idealfall auch die Gesprächspartner*innen. Ziel ist es dabei, dass die Kinder das Gelesene rekapitulieren und den Inhalt mit einem anderen Kind abgleichen. Außerdem werden weiterführende Vermutungen angestellt, die sie anhand des Textes begründen müssen.

Reflexion

Abgerundet wird die Lesestunde durch eine **gemeinsame Reflexion** im Klassenverband. Hier haben die Kinder noch einmal die Möglichkeit, über ihre Leseerfahrungen zu sprechen und diese mit der ganzen Klasse zu teilen. Bei den beiden Kriminalfällen können die Kinder außerdem ihre erarbeitete Lösung des Falls präsentieren.

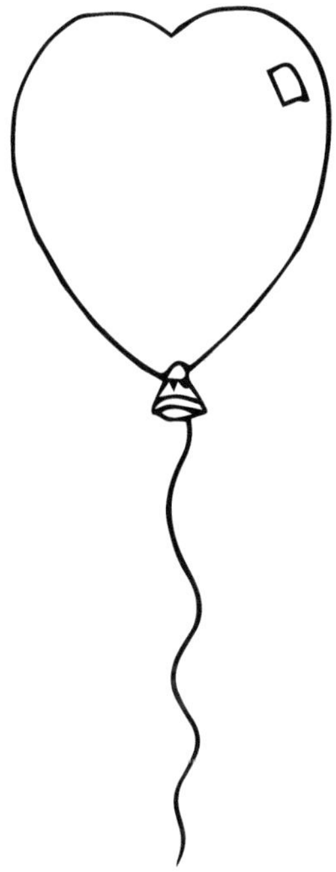

Leseweg: Im Zoo

Lies den Text genau durch.

Meltem und Luis freuen sich sehr: Sie gehen heute in den Zoo! Natürlich wollen sie die Löwen sehen. Aber den Besuch ihrer Lieblingstiere heben sich die beiden bis zum Schluss auf. Zuerst gehen Meltem und Luis zu den Elefanten. Sie schauen der Elefantenmutter und ihrem Kind beim Spielen zu. Neben den Elefanten haben die Giraffen ihr Gehege. Sie sehen 3 Giraffen. Meltem und Luis spazieren weiter und kommen nun bei den Nilpferden vorbei. Meltem schaut auf die Uhr. Sie müssen sich beeilen! In 20 Minuten ist Fütterungszeit bei den Pinguinen. Schnell laufen sie bei den Leoparden vorbei. Da stoppt Luis: Er hat die Robben entdeckt! Luis liebt Robben. Doch Meltem schiebt ihn weiter. Gerade noch rechtzeitig kommen sie beim Pinguingehege an. Ein Pfleger füttert gerade die Vögel mit Fischen. Gierig schnappen die Pinguine nach den Leckerbissen. Schon bald ist der Futtereimer leer. Meltem und Luis haben nun auch Hunger. Sie setzen sich auf eine Parkbank vor dem Gehege der Pinguine und packen ihre Brotzeit aus. Meltem hat ein Käsebrot und einen Apfel dabei. Luis isst seine Laugenstange und knabbert ein paar Nüsse. Gemeinsam überlegen sie, welche Tiere sie heute noch besuchen wollen. Sie betrachten den Plan des Zoos: Sollen sie zum Papageienhaus gehen oder lieber zu den Schlangen? Schließlich entscheiden sie sich für die Affen. Im Affengehege sehen sie ein kleines Babyäffchen. Es kuschelt sich an den Bauch seiner Mutter und schläft. Langsam werden Meltem und Luis auch müde. Sie machen sich auf den Weg zu den Löwen. Ihre Lieblingstiere haben sie sich extra bis zum Schluss aufgehoben. Das ist wirklich ein schöner Abschluss für einen aufregenden Tag im Zoo.

Leseweg: Im Zoo

1. **Welchen Weg nehmen Meltem und Luis im Zoo?**
   Markiere alle Zootiere im Text, die Meltem und Luis sehen.

2. **In welcher Reihenfolge sehen die beiden Kinder die Tiere im Zoo?**
   Nummeriere die Tiere von 1 bis 8. Notiere die Zeilennummer aus dem Text.

Nr.: .... Zeile:	Nr.: .... Zeile:	Nr.: .... Zeile:	Nr.: .... Zeile: ....
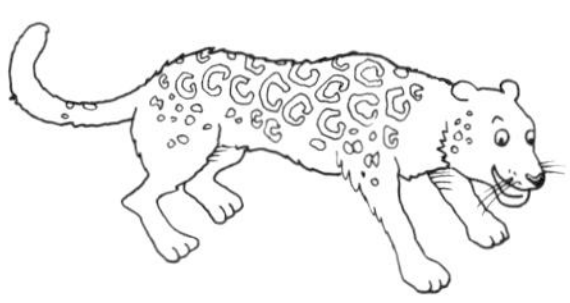			
Nr.: .... Zeile:	Nr.: .... Zeile:	Nr.: .... Zeile:	Nr.: .... Zeile: ....

3. **Wo machen die beiden Kinder Pause und was essen sie dort?**
   Schreibe einen ganzen Satz.

....

....

....

4. **Welche Tiere schaust du dir gern im Zoo an? Schreibe ganze Sätze.**

....

....

....

Leseweg: Im Zoo

Lies den Text genau durch.

Meltem und Luis freuen sich sehr: Sie gehen heute in den Zoo!
Natürlich wollen sie die Löwen sehen. Das sind ihre Lieblingstiere.
Zuerst gehen Meltem und Luis zu den Elefanten.
Sie schauen der Elefantenmutter und ihrem Kind beim Spielen zu.
Neben den Elefanten haben die Giraffen ihr Gehege.
Sie sehen 3 Giraffen.
Meltem und Luis spazieren weiter und kommen nun bei den Nilpferden vorbei.
Als Nächstes laufen sie zu den Leoparden.
Da stoppt Luis: Er hat die Robben entdeckt! Luis liebt Robben.
Doch Meltem schiebt ihn weiter.
Meltem will die Fütterung der Pinguine nicht verpassen.
Staunend sehen die beiden zu, wie der Pfleger die Tiere mit Fischen füttert.
Meltem und Luis haben nun auch Hunger. Vor dem Gehege der Pinguine ist eine Parkbank.
Meltem hat ein Käsebrot und einen Apfel dabei.
Luis isst seine Laugenstange und knabbert ein paar Nüsse.
Nun laufen die beiden Kinder zu den Affen. Im Affengehege sehen sie ein kleines Babyäffchen. Es kuschelt sich an den Bauch seiner Mutter und schläft.
Langsam werden Meltem und Luis auch müde. Sie machen sich auf den Weg zu den Löwen. Ihre Lieblingstiere sehen sie sich zum Schluss an.
Das ist wirklich ein schöner Abschluss für einen aufregenden Tag im Zoo.

Leseweg: Im Zoo

1. **Welchen Weg nehmen Meltem und Luis im Zoo?**
   Markiere alle Zootiere im Text, die Meltem und Luis sehen.

2. **In welcher Reihenfolge sehen die beiden Kinder die Tiere im Zoo?**
   Nummeriere die Tiere von 1 bis 8.

3. **Wo machen die beiden Kinder Pause und was essen sie dort?**
   Schreibe einen ganzen Satz.

....

....

....

4. **Welche Tiere schaust du dir gern im Zoo an? Schreibe ganze Sätze.**

....

....

....

Leseweg: Im Zoo

Lies den Text genau durch.

Meltem und Luis gehen heute in den Zoo.
Zuerst laufen sie zu den **Elefanten**.
Sie sehen eine Elefantenmutter und ihr Kind.

Nach den Elefanten sehen sie die **Giraffen**.

Als Drittes spazieren Meltem und Luis zu den **Nilpferden**.

Jetzt laufen sie zu den **Leoparden**.

Nun entdeckt Luis die **Robben**.
Luis liebt Robben.

Als Sechstes gehen die beiden Kinder zu den **Pinguinen**.
Der Pfleger füttert die Tiere mit Fischen.

Meltem und Luis haben auch Hunger.
Vor dem Gehege der Pinguine ist eine Parkbank.

Nach dem Essen besuchen die beiden Kinder die **Affen**.
Im Affengehege sehen sie ein kleines Babyäffchen.
Es schläft.

Meltem und Luis sind auch müde.
Zum Schluss laufen sie zu den **Löwen**.
Darauf haben sie sich am meisten gefreut.
Löwen sind ihre Lieblingstiere.

Es war ein schöner Tag im Zoo.

Leseweg: Im Zoo

1. Markiere alle Zootiere im Text, die Meltem und Luis sehen.

2. In welcher Reihenfolge sehen die beiden Kinder die Tiere im Zoo? Nummeriere die Tiere von 1 bis 8.

1			2
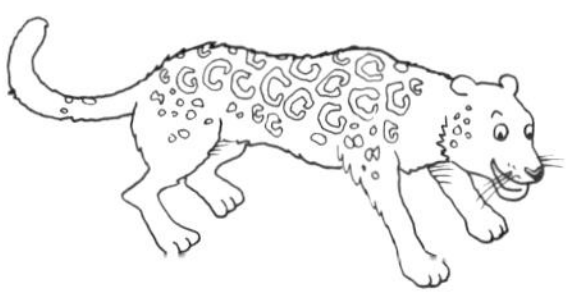			

3. Welche Tiere schaust du dir gern im Zoo an? Schreibe einen ganzen Satz.

Ich schaue mir ....

....

....

....

....

....

Leseweg: Im Zoo

Lösung zum Arbeitsblatt

1 (Zeile 4)	8 (Zeile 27)	5 (Zeile 11)	2 (Zeile 6)
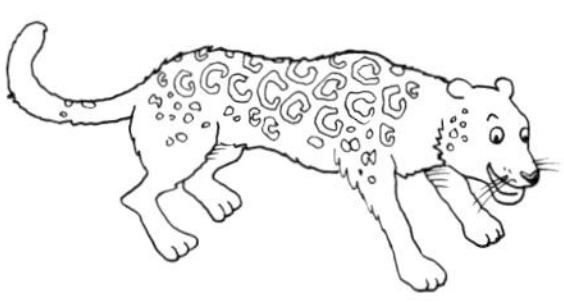			
4 (Zeile 10)	3 (Zeile 8)	7 (Zeile 23)	6 (Zeile 13)

Bilder zum Aufhängen (Kontrollmöglichkeit der Kinder)

① 	② 	③ 	④ 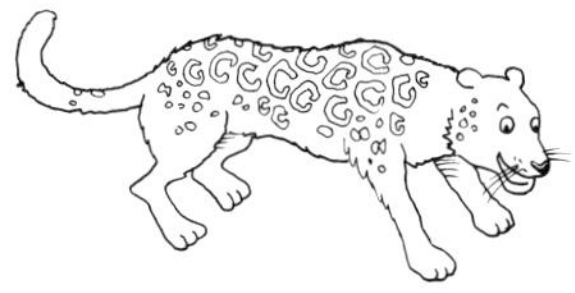
⑤ 	⑥ 	⑦ 	⑧ 

Leseweg: Im Zoo

Chatpoint:

Frage 1

In welcher Reihenfolge besuchen Meltem und Luis die Tiere im Zoo?
Vergleiche mit deinem Partnerkind.

Chatpoint:

Frage 2

Was hat dir dabei geholfen,
den Weg der beiden Kinder herauszufinden? Erkläre.

Chatpoint:

Frage 3

Was hast du über die beiden Kinder,
Meltem und Luis, herausgefunden? Berichte.

Chatpoint:

Frage 4

Welche Tiere, die Meltem und Luis im Zoo besucht haben,
würdest du dir auch anschauen?
Welche Tiere würdest du dir nicht anschauen? Begründe.

Leseweg: Das verlorene Handy

Hinführung

Lesen Sie folgenden Text in der Klasse vor:

> Liebe Kinder,
>
> heute habe ich eine besondere Aufgabe für euch: Wir müssen einen spannenden Kriminalfall lösen! Bevor wir mit dem Ermitteln anfangen, habe ich zwei Hinweise für euch.
>
> *(Zeigen Sie einen Briefumschlag, in dem die zwei Bilder der folgenden Seite stecken. Der Briefumschlag wird von Ihnen selbst oder einem Kind geöffnet und die Bilder an die linke Tafelseite gehängt.)*
>
> Du hast bestimmt schon eine Idee, worum es geht.
>
> *(Die Kinder äußern ihre Vermutungen. Die Ideen können ggf. an der linken Tafelseite notiert werden.)*
>
> Für eure Ermittlungsarbeit gebe ich euch zwei Tipps:
> Der Junge heißt Max. Um Max geht es in dem Kriminalfall. Denn Max hat sein Handy verloren.
>
> *(Hängen Sie die Wortkarten „Max" und „Handy verloren" an die Tafel.)*
>
> Und nun kommt der Auftrag an euch Spürnasen. Findet heraus:
> 1. Welchen Weg hat Max genommen?
> 2. Wo hat Max sein Handy verloren?

Zielangabe und Erarbeitung

Notieren Sie die **Aufgabenstellungen** in der Mitte der Tafel.
Im Unterrichtsgespräch werden Tipps gesammelt, wie man den Weg herausfinden kann. Die **Lesestrategie „Schlüsselwörter** (= Orte, die die Figur im Text aufsucht) **markieren"** wird an der Tafel festgehalten.
In Einzelarbeit werden die **Lesetexte gelesen**. Anschließend erfolgt die **Kontrolle** anhand des Lösungswegs und der **Austausch** über das Gelesene an den Chatpoints.

Zusammenführung der Ergebnisse und Reflexion

Zur Auflösung des Falls trifft sich die Klasse im **Tafelkino**. Gemeinsam wird Max' Weg noch einmal an der Tafel nachvollzogen. Hierfür werden die Bildkarten der Orte in die richtige Reihenfolge gebracht. Somit wurde der erste Teil der Aufgabenstellung erfüllt.
Nun äußern die Kinder für den zweiten Teil des Arbeitsauftrags Vermutungen, wo Max sein Handy verloren haben könnte, und begründen diese anhand der Hinweise im Text.
Notieren Sie die **Lösung** des Falls an der Tafel.
Abschließend erfolgt die **Reflexion**, z. B. über den Nutzen der eingesetzten Lesestrategien.

Lösung des Kriminalfalls

Max hat sein Handy in der **Bäckerei** vergessen. Er hat es herausgenommen, als er in seiner Hosentasche nach Kleingeld gesucht hat.

Leseweg: Das verlorene Handy

Bilder zur Antizipation des Textes:

Abb.: Bettina Weyland

Abb.: Bettina Weyland

Wortkarten zur Antizipation des Textes:

Max

Handy verloren

Leseweg: Das verlorene Handy

Lies den Text genau durch.

Max überlegt, wo er sein Handy verloren haben könnte:

„Am Freitagnachmittag war ich mit meinem Freund Tim verabredet. Ich bin also von unserem Haus zur Straßenbahnhaltestelle gelaufen. Mit der Straßenbahn Nummer 7 bin ich 3 Stationen gefahren. Dort hatte ich plötzlich sehr großen Durst. Zum Glück war ein Supermarkt in der Nähe und ich habe mir eine kleine Flasche Wasser gekauft.

Nachdem ich einen großen Schluck getrunken hatte, bin ich weitergelaufen. Ich habe kurz auf mein Handy geschaut, ob Tim sich gemeldet hat. Das war ungefähr bei der Grundschule.

Ganz in der Nähe ist auch ein Kinderhort, den meine Cousine besucht. Aber diesen konnte ich von hier aus nicht sehen.

Aber dafür habe ich eine Bäckerei entdeckt. Es hat so lecker geduftet, dass ich noch einen kleinen Abstecher gemacht habe. In der Bäckerei habe ich mir eine frische Käsestange gekauft. Ich musste tief in meiner Hosentasche kramen, um noch genügend Geld zu finden. Ich legte das Taschentuchpäckchen und die anderen Dinge auf die Theke, um die restlichen Münzen aus meiner Tasche zu fischen. Endlich hatte ich genügend Geld zusammen und packte meine Sachen wieder ein. Die Käsestange war noch warm und wirklich sehr lecker! Ich habe sie auf dem restlichen Weg zu Tim gegessen.

Nun war es auch nicht mehr weit bis zu Tims Haus. Ich habe bei ihm geklingelt und Tim kam heraus. Tim schlug vor, dass wir noch ein Eis essen, bevor wir auf den Spielplatz gehen. Also sind wir schnell zur Eisdiele gerannt und jeder hat sich 2 Kugeln gekauft. Danach haben wir uns auf den Weg zum Spielplatz gemacht. Dort habe ich dann bemerkt, dass mein Handy verschwunden ist."

Leseweg: Das verlorene Handy

1. Welchen Weg nimmt Max? Markiere alle Orte im Text, die Max unterwegs sieht.

2. Bringe die Orte in die richtige Reihenfolge. Nummeriere sie von 1 bis 8. Notiere die Zeilennummer aus dem Text.

Nr.: .... Zeile:	Nr.: .... Zeile:	Nr.: .... Zeile:	Nr.: .... Zeile: ....
	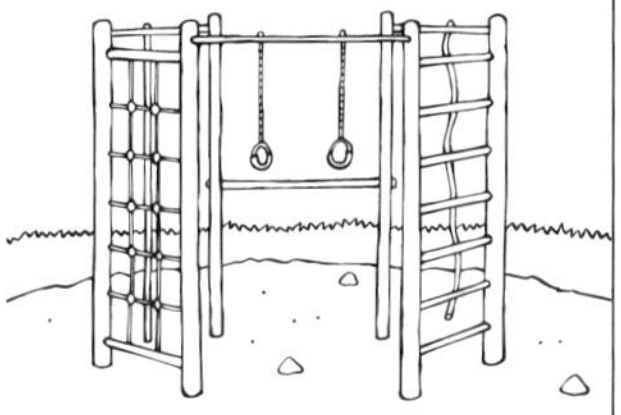	 Haus Max	 Haus Tim
Nr.: .... Zeile:	Nr.: .... Zeile:	Nr.: .... Zeile:	Nr.: .... Zeile: ....

3. Max kauft einige unterschiedliche Dinge. Was kauft er alles? Schreibe ganze Sätze.

....

....

....

4. Vermute: Wo hat Max sein Handy verloren? Begründe deine Meinung und schreibe einen ganzen Satz.

....

....

....

Leseweg: Das verlorene Handy

Lies den Text genau durch.

Max überlegt, wo er sein Handy verloren haben könnte:
„Am Freitag war ich mit meinem Freund Tim um 15 Uhr verabredet. Ich bin zu Hause losgelaufen.
Mit der Straßenbahn bin ich danach 3 Stationen gefahren.
Als Drittes bin ich zu einem Supermarkt gelaufen, um mir ein Wasser zu kaufen.
Nach dem Supermarkt bin ich an der Grundschule vorbeigekommen. Dort habe ich kurz auf mein Handy geschaut.
Ich habe es zurück in meine Hose gesteckt.
Nun habe ich eine Bäckerei entdeckt. Dort habe ich mir eine Käsestange gekauft. Ich musste alle Sachen aus meiner Hosentasche herausholen und auf die Theke legen, damit ich genügend Münzen finden konnte.
Danach bin ich weiter zu Tims Haus gelaufen.
Ich habe geklingelt.
Tim schlug vor, noch ein Eis zu essen. Also sind wir zur Eisdiele gerannt und jeder hat sich 2 Kugeln Eis gekauft.
Als Letztes sind wir zum Spielplatz gelaufen.
Dort habe ich gemerkt, dass mein Handy verschwunden ist."

Leseweg: Das verlorene Handy

1. **Welchen Weg nimmt Max? Markiere alle Orte im Text, die Max unterwegs sieht.**
2. **Bringe die Orte in die richtige Reihenfolge. Nummeriere sie von 1 bis 8.**

	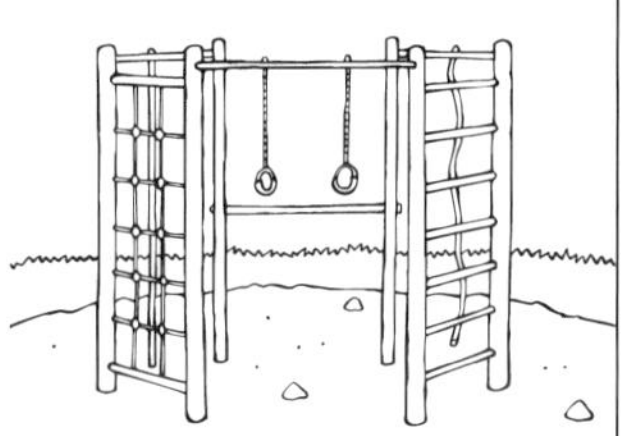	 Haus Max	 Haus Tim

3. **Max kauft einige unterschiedliche Dinge. Was kauft er alles? Schreibe ganze Sätze.**

....

....

....

4. **Vermute: Wo hat Max sein Handy verloren? Begründe deine Meinung und schreibe einen ganzen Satz.**

....

....

....

Leseweg: Das verlorene Handy

Lies den Text genau durch.

Max überlegt: Wo ist sein Handy?

„Ich bin von unserer Wohnung aus losgelaufen.

Danach bin ich mit der Straßenbahn gefahren.

Als Drittes war ich im Supermarkt
und habe mir ein Wasser gekauft.

Danach bin ich an der Grundschule vorbeigekommen.

Ich habe auf mein Handy geschaut.
Ich habe es zurück in meine Hosentasche gesteckt.

Als Fünftes bin ich zur Bäckerei gelaufen.
Ich habe mir eine Käsestange gekauft.

Das Geld war ganz unten in meiner Hosentasche.
Ich musste alle Sachen herausnehmen.

Danach bin ich weiter zu Tims Haus gelaufen.

Tim und ich sind zusammen zur Eisdiele gelaufen.

Als Letztes sind wir zum Spielplatz gelaufen.

Dort habe ich gemerkt: Mein Handy ist weg!“

Leseweg: Das verlorene Handy

1. **Welchen Weg nimmt Max?**
   Markiere alle Orte im Text, die Max sieht.

2. **Bringe die Orte in die richtige Reihenfolge.**
   Nummeriere sie von 1 bis 8.

	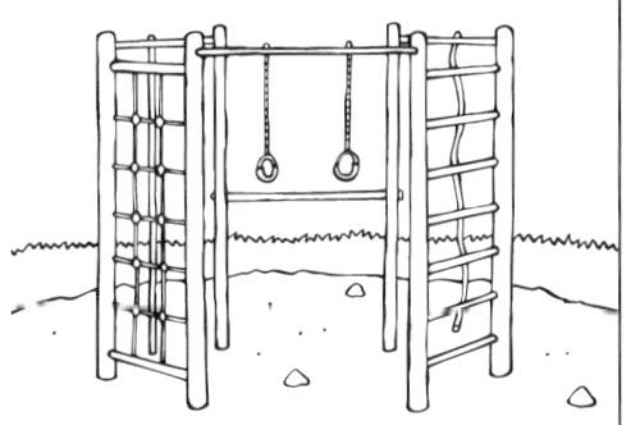	 Haus Max	 Haus Tim
	8	1	

3. **Vermute: Wo hat Max sein Handy verloren?**
   Begründe deine Meinung. Schreibe einen ganzen Satz.

....

....

....

....

....

Leseweg: Das verlorene Handy

Lösung zum Arbeitsblatt

2 (Zeile 4)	3 (Zeile 6)	7 (Zeile 25)	4 (Zeile 10)
	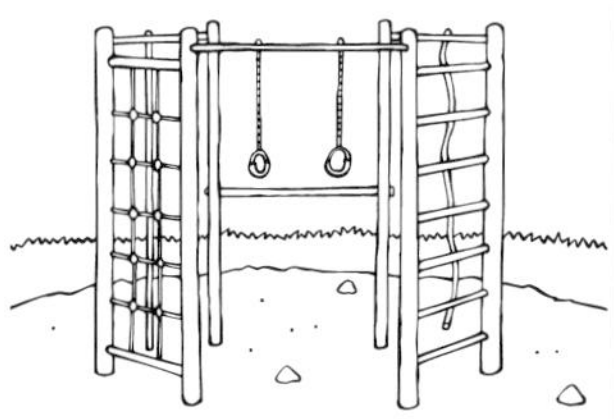	 Haus Max	 Haus Tim
5 (Zeile 13)	8 (Zeile 26)	1 (Zeile 3)	6 (Zeile 22)

Bilder zum Aufhängen (Kontrollmöglichkeit der Kinder)

①  Haus Max	② 	③ 	④ 
⑤ 	⑥  Haus Tim	⑦ 	⑧ 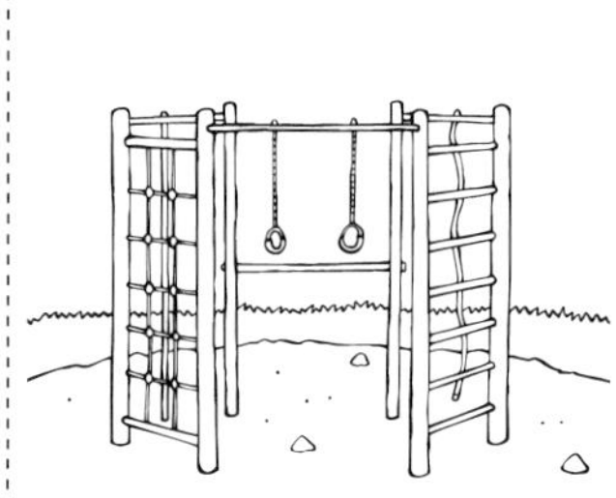

Leseweg: Das verlorene Handy

Chatpoint:

Frage 1

Welchen Weg nimmt Max?
Vergleiche mit deinem Partnerkind.

Chatpoint:

Frage 2

Was hat dir dabei geholfen, den Weg herauszufinden?
Erkläre.

Chatpoint:

Frage 3

An welchen Orten hat Max sein Handy noch gehabt?
Berichte.

Chatpoint:

Frage 4

Wo könnte Max sein Handy verloren haben und warum?
Begründe deine Vermutung.

Leseweg: Das zerstörte Kunstwerk

Hinführung

Lesen Sie folgenden Text in der Klasse vor:

Liebe Kinder,

heute habe ich wieder einen ganz besonderen Auftrag für euch: Ihr müsst einen Kriminalfall lösen! Dazu habe ich euch einen Briefumschlag mit Beweismaterial mitgebracht.

(Zeigen Sie einen Briefumschlag, in dem die Bilder der folgenden Seite stecken. Der Briefumschlag wird von Ihnen selbst oder einem Kind geöffnet und die Bilder an die linke Tafelseite gehängt.)

Vielleicht hast du schon eine Idee, worum es in dem neuen Fall geht?

(Die Kinder äußern ihre Vermutungen. Die Ideen können ggf. an der linken Tafelseite notiert werden.)

Bei dem Beweismaterial handelt es sich um ein Foto von einem Kunstwerk. Das Bild hat bei einem Malwettbewerb gewonnen. Aus allen drei vierten Klassen hat sich jeweils ein Kind mit einem Bild beim Malwettbewerb beworben. Heute wurde das Gewinnerbild bekannt gegeben. Die Siegerehrung war in der Turnhalle und das Bild war dort aufgestellt worden. Doch nach der Pause hat die Schulleiterin, Frau Akin, das Bild zerschnitten in der Turnhalle gefunden! Frau Akin ist entsetzt und hat uns deshalb gebeten, herauszufinden, wer das Kunstwerk zerstört hat.

Mithilfe des Hausmeisters hat Frau Akin den Tatort genau untersucht und die beiden haben Fußspuren gefunden. Ihr, liebe Kinder, sollt nun herausfinden: Wohin führen die Fußspuren?

Zielangabe und Erarbeitung

Notieren Sie die **Aufgabenstellung** in der Mitte der Tafel.
Im Unterrichtsgespräch werden Tipps gesammelt, wie man den Weg herausfinden kann. Die Lesestrategie **„Schlüsselwörter** (= Orte, die die Figur im Text aufsucht) **markieren"** wird an der Tafel festgehalten.
In Einzelarbeit werden die **Lesetexte gelesen**. Anschließend erfolgt die **Kontrolle** anhand des Lösungswegs und der **Austausch** über das Gelesene an den Chatpoints.

Zusammenführung der Ergebnisse und Reflexion

Zur Auflösung des Falls trifft sich die Klasse im **Tafelkino**. Gemeinsam wird der Weg des Täters/der Täterin noch einmal an der Tafel nachvollzogen. Hierfür werden die Bildkarten der Orte in die richtige Reihenfolge gebracht.

Nun äußern die Kinder Vermutungen, wer der*die Täter*in sein könnte, und begründen diese anhand der Hinweise im Text.
Notieren Sie die **Lösung** des Falls an der Tafel.
Abschließend erfolgt die **Reflexion**, z. B. über den Nutzen der eingesetzten Lesestrategien.

Lösung des Kriminalfalls

Die Täterin ist ein **Mädchen**, da die Fußspuren in die Mädchentoilette führen. Die Täterin ist aus der **4a**, da die Straßenschuhe dort gegen die Hausschuhe getauscht wurden. Höchstwahrscheinlich handelt es sich bei der Täterin um das Mädchen, das für die 4a am **Malwettbewerb** teilgenommen hat – andere kreative Lösungen sind hier aber auch denkbar.
An dieser Stelle dürfen die Kinder auch über das Motiv der Täterin spekulieren. Eine Möglichkeit ist, dass die Täterin eifersüchtig war, weil sie den Malwettbewerb nicht gewonnen hat.

Leseweg: Das zerstörte Kunstwerk

Bilder zur Antizipation des Textes:

Abb.: © klikk – stock.adoe.com

Abb.: © johavel – Shutterstock.com

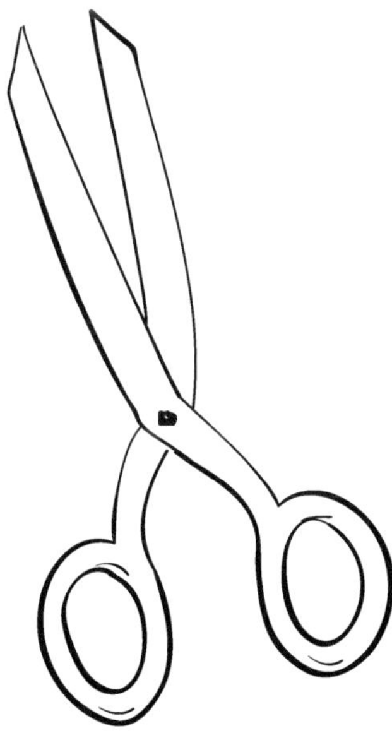

Abb.: Dorothee Wolters

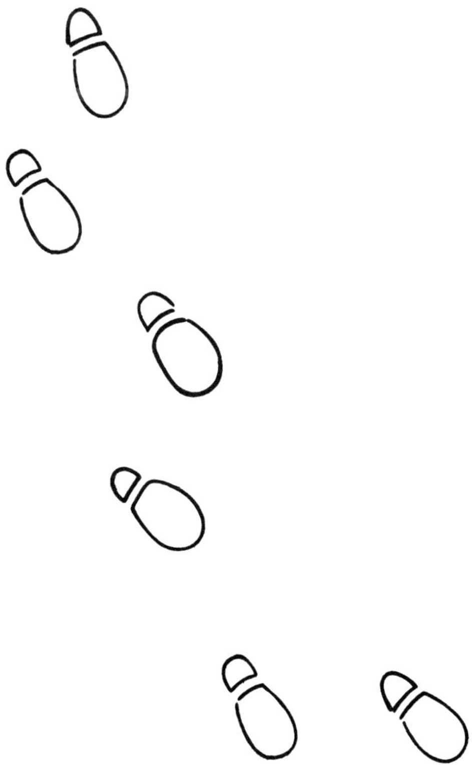

Abb.: Verlag an der Ruhr

Leseweg: Das zerstörte Kunstwerk

Lies den Text genau durch.

Die Schulleiterin, Frau Akin, hat bereits mit dem Hausmeister, Herrn Müller, den Tatort und das gesamte Schulgebäude genauer untersucht. Die beiden haben verdächtige Fußspuren entdeckt. Diese beginnen in der Turnhalle. Der Täter oder die Täterin hat sehr schmutzige Schuhe getragen, denn Herr Müller und Frau Akin können genau sehen, wo er oder sie entlanggelaufen ist.

Was für ein Glück!

Die Fußspuren führen zuerst in den Computerraum. An diesem Morgen fand dort ein Projekt statt, an dem verschiedene Kinder aus allen Grundschulklassen teilgenommen haben. Der Täter oder die Täterin ist zum hintersten Tisch gelaufen. Danach ging es aus dem Computerraum heraus und die Treppe hoch zu den Mädchenklos. Die Spuren führen in die Toiletten hinein und dann wieder hinaus.

Die beiden folgen den Fußspuren weiter und kommen am Sekretariat vorbei. Dort hat der Täter oder die Täterin anscheinend kurz Halt gemacht, denn es sind mehrere Schuhabdrücke vor und im Sekretariat zu erkennen.

Danach ging es anscheinend weiter zum Klassenzimmer der 3b. Hier sind auf einmal sehr viele Fußspuren zu sehen. Frau Akin und Herr Müller laufen weiter und kommen zur Küche. Hier bemerken sie, dass sie den falschen Fußspuren gefolgt sind! Also müssen sie wieder zurückgehen und genauer hinschauen. Schließlich finden sie die richtigen Fußspuren. Sie folgen ihnen und gelangen nun in den Raum, wo die Kinder Werken haben.

Doch die beiden bemerken, dass der Täter oder die Täterin nach diesem Zimmer noch weitergegangen ist. Sie laufen an den Klassenzimmern der 4b und 4c vorbei. Doch die Fußspuren führen nicht in die Zimmer hinein. Schließlich enden die Fußspuren vor dem Klassenzimmer einer vierten Klasse. Frau Akin und Herr Müller wissen auch warum: Die Straßenschuhe der Kinder stehen im Regal vor dem Klassenzimmer.

Leseweg: Das zerstörte Kunstwerk

1. **Welchen Weg nimmt der Täter oder die Täterin?**
   Markiere alle Orte im Text, zu denen die Fußspuren führen.

2. **Bringe die Orte in die richtige Reihenfolge.**
   Nummeriere sie von 1 bis 7. Notiere die Zeilennummer aus dem Text.
   Achtung: An einem Ort war der Täter oder die Täterin nicht!
   Streiche diesen Ort durch.

<table>
<tr><td></td><td></td><td>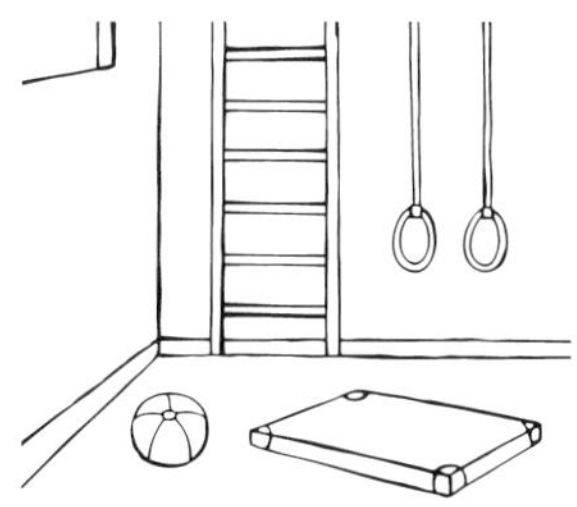</td><td></td></tr>
<tr><td>Nr.: .... Zeile: ....</td><td>Nr.: .... Zeile: ....</td><td>Nr.: .... Zeile: ....</td><td>Nr.: .... Zeile: ....</td></tr>
<tr><td></td><td></td><td></td><td></td></tr>
<tr><td>Nr.: .... Zeile: ....</td><td>Nr.: .... Zeile: ....</td><td>Nr.: .... Zeile: ....</td><td>Nr.: .... Zeile: ....</td></tr>
</table>

3. **Vermute: Wer ist der Täter oder die Täterin?**
   Warum wurde das Bild zerstört?
   Begründe deine Meinung und schreibe ganze Sätze.

....

....

....

....

....

Leseweg: Das zerstörte Kunstwerk

Lies den Text genau durch.

Die Schulleiterin und der Hausmeister haben verdächtige Fußspuren entdeckt.
Die Spuren beginnen in der Turnhalle.
Danach führen sie in den Computerraum.
Von dort ist der Täter oder die Täterin die Treppe hoch und in die Mädchentoiletten gelaufen. Die Spuren führen hinein und dann wieder hinaus.
Frau Akin und der Hausmeister folgen den Fußspuren weiter und kommen als Viertes zum Sekretariat.
Nun ist der Täter oder die Täterin zum Klassenzimmer der 3b gelaufen. Hier sind auf einmal sehr viele Fußspuren zu sehen.
Schließlich finden Frau Akin und der Hausmeister die richtigen Spuren.
Sie folgen ihnen und gelangen nun in den Werkraum.
Doch die beiden bemerken, dass der Täter oder die Täterin danach noch weitergegangen ist.
Sie laufen an den Klassenzimmern der 4b und 4c vorbei.
Doch die Fußspuren führen nicht in die Zimmer hinein.
Schließlich enden die Fußspuren vor dem Klassenzimmer einer vierten Klasse.
Frau Akin und Herr Müller wissen auch warum:
Die Straßenschuhe der Kinder stehen im Regal vor dem Klassenzimmer. Der Täter oder die Täterin muss hier Hausschuhe angezogen haben!

Leseweg: Das zerstörte Kunstwerk

1. **Welchen Weg nimmt der Täter oder die Täterin?**
   Markiere alle Orte im Text, zu denen die Fußspuren führen.

2. **Bringe die Orte in die richtige Reihenfolge.**
   Nummeriere sie von 1 bis 7.

	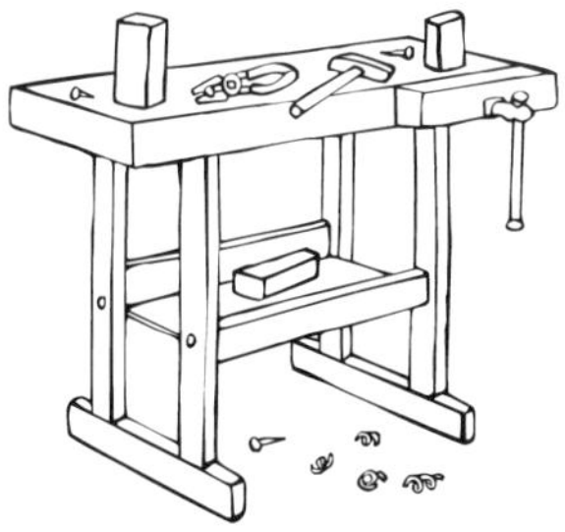	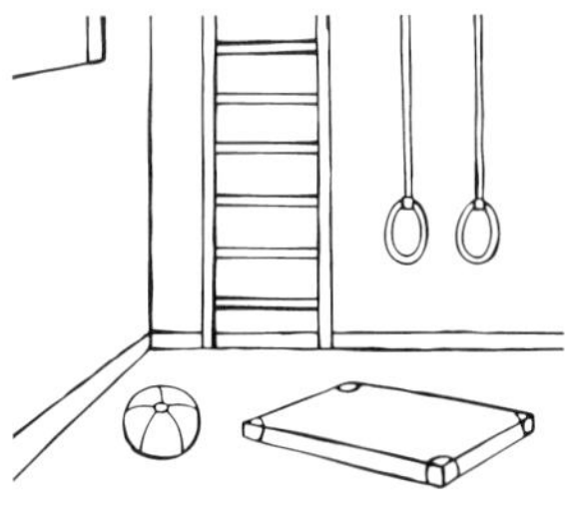	
		1	

3. **Vermute: Wer ist der Täter oder die Täterin?**
   Warum wurde das Bild zerstört?
   Begründe deine Meinung und schreibe ganze Sätze.

....

....

....

....

....

....

Leseweg: Das zerstörte Kunstwerk

Lies den Text genau durch.

Die Schulleiterin und der Hausmeister haben Fußspuren des Täters oder der Täterin entdeckt.

Die Fußspuren beginnen in der Turnhalle.

Als Zweites führen sie in den Computerraum.

Von dort ist die Person zu den Mädchenklos gelaufen.

Als Viertes ist der Täter oder die Täterin zum Sekretariat gegangen.

Nun ist er oder sie zum Klassenzimmer der 3b gelaufen.

Als Sechstes ist die Person zum Werkraum gegangen.

Doch die Schulleiterin und der Hausmeister bemerken, dass der Täter oder die Täterin danach weitergegangen ist.

Schließlich enden die Fußspuren vor dem Klassenzimmer der Klasse 4a.

Die Straßenschuhe der Kinder stehen im Regal vor dem Klassenzimmer. Der Täter oder die Täterin muss hier Hausschuhe angezogen haben!

Ob ein Kind aus dieser Klasse das Kunstwerk zerstört hat?

Leseweg: Das zerstörte Kunstwerk

1. Welchen Weg nimmt der Täter oder die Täterin?
Markiere alle Orte im Text.

2. Bringe die Orte in die richtige Reihenfolge.
Nummeriere sie von 1 bis 7.

		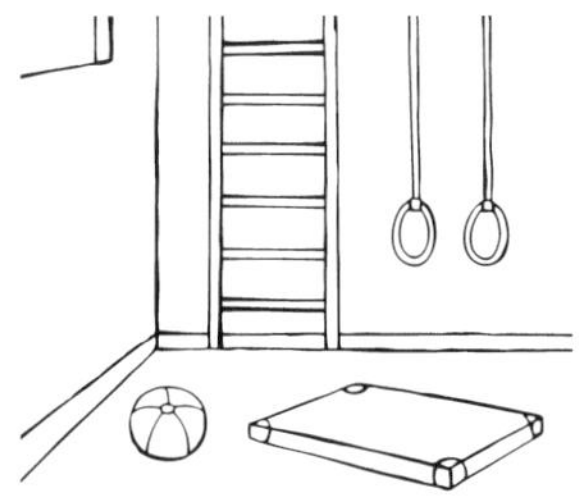	
		1	3

3. Vermute: Aus welcher Klasse ist der Täter oder die Täterin?
Schreibe ganze Sätze.

....

....

....

....

....

....

Leseweg: Das zerstörte Kunstwerk

Lösung zum Arbeitsblatt

	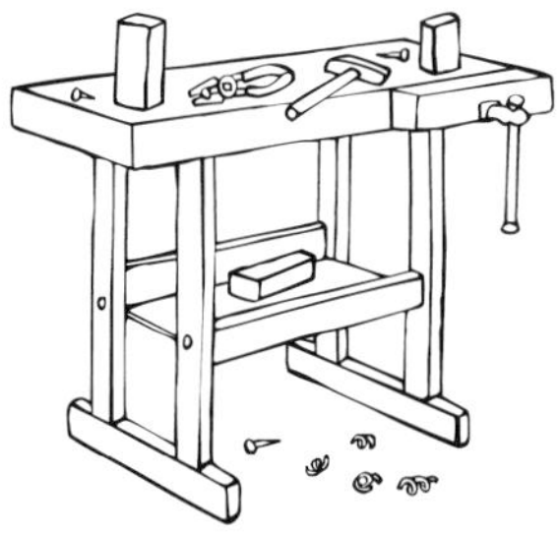	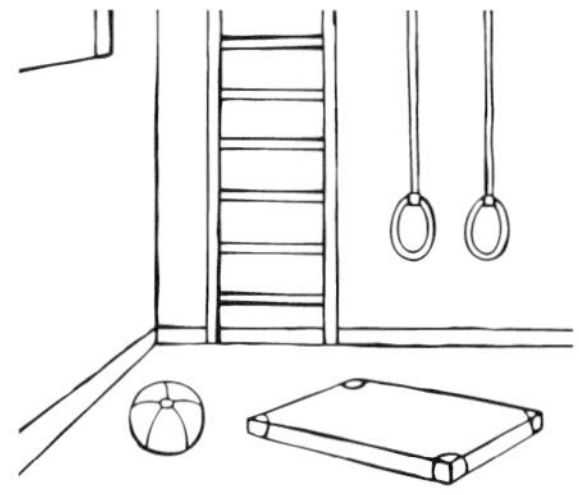	
5 (Zeile 19)	6 (Zeile 25)	1 (Zeile 4)	

3 (Zeile 13)	2 (Zeile 8)	7 (Zeile 30)	4 (Zeile 15)

Bilder zum Aufhängen (Kontrollmöglichkeit der Kinder)

①
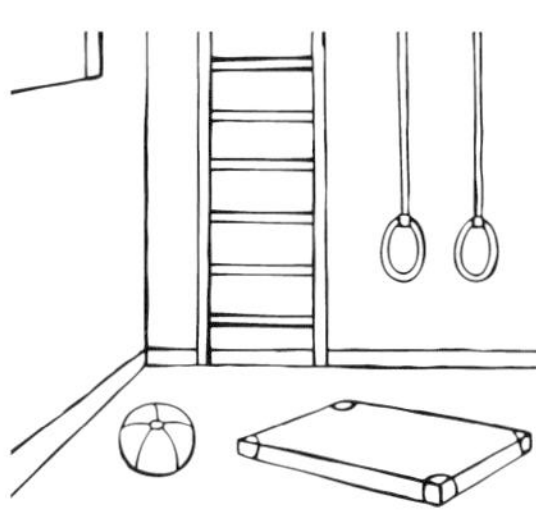

②

③

④

⑤
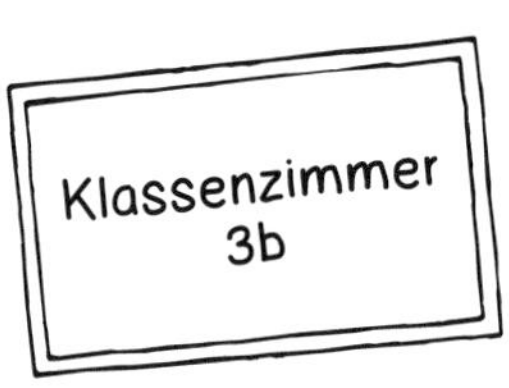

⑥

⑦

Leseweg: Das zerstörte Kunstwerk

Chatpoint:

Frage 1

Welchen Weg ist der Täter oder die Täterin gegangen?
Vergleiche die Orte mit deinem Partnerkind.

Chatpoint:

Frage 2

Was hat dir dabei geholfen, den Weg des Täters oder der Täterin herauszufinden? Erkläre.

Chatpoint:

Frage 3

Was erfährst du im Text über den Täter oder die Täterin?
Berichte.

Chatpoint:

Frage 4

Warum hat der Täter oder die Täterin das Kunstwerk zerstört?
Begründe deine Vermutung.

Lesestaffelläufe

Didaktisch-methodische Anmerkungen

Lesestaffelläufe verbinden spielerisch den **Wettbewerbscharakter** und die **sportliche Aktivität** des Staffellaufes mit einem **Lesetraining**. Dabei wird das zügige und genaue Lesen gefördert.
Beim **Lesestaffellauf 1** handelt es sich um ein **Sichtwortschatztraining**, bei dem die Kinder Wörter aus dem Wortschatz häufig vorkommender Wörter möglichst schnell wiedererkennen müssen.
Bei den **Lesestaffelläufen 2 und 3** liegt der Fokus auf dem **Wort- und Satzverständnis**. Das Lesematerial gibt es hier in **drei verschiedenen Niveaustufen**, die Sie anhand von Symbolen erkennen:
Die schwierigsten Texte sind mit einer Palme, mittelschwere mit einem Kaktus und die einfachsten mit einem Zweig gekennzeichnet.

schwierig

mittel

leicht

Die Kinder dürfen sich ihren Schwierigkeitsgrad selbst aussuchen, wodurch eine heterogene Gruppeneinteilung sinnvoll ist. Letzten Endes kommt es auf jedes einzelne Kind an, denn sollte sich ein Fehler eingeschlichen haben, gibt es für die ganze Gruppe Punktabzug. Die gegen seitige Kontrolle ist erlaubt und erwünscht. Indem die Kinder die Lösung ihrer Gruppenmitglieder kontrollieren, lesen sie auch die Texte ihrer Mitschüler*innen und tauschen sich mit ihnen darüber aus, sodass die Lesemenge erhöht und die Anschlusskommunikation gefördert wird.

Lesestaffelläufe im Unterricht

Vorbereitungen

→ **Teilen Sie die Klasse in heterogene Gruppen ein.** Je kleiner die Gruppen sind, desto mehr liest das einzelne Kind und ist in Bewegung.

→ **Kopieren Sie für jede Gruppe die Text- und Bildvorlagen und schneiden Sie diese aus.** Legen Sie außerdem **ein Plakat**, **einen Stift** sowie **einen Klebestift** bereit. (Bitte beachten Sie die Hinweise zu den einzelnen Staffelläufen.)

→ **Legen Sie die Staffellaufstrecke fest.** An einem geeigneten Platz (z. B. in der Turnhalle) können Sie z. B. durch Pylonen die Strecke abstecken. Legen Sie das Lesematerial am Start- und die Bilder am Wendepunkt aus.

Durchführung

→ Vor Beginn des Lesestaffellaufs dürfen sich die Kinder in ihrer Gruppe einen **Gruppennamen** ausdenken und diesen auf ihr Plakat schreiben.

→ Anschließend stellen sie sich am **Startpunkt** ihrer Gruppe nacheinander auf.

→ Wie beim **Staffellauf** üblich, gibt es ein Startsignal und der Lauf beginnt:

- ✦ Das erste Kind in der Reihe darf sich nun ein **Wort oder einen Textabschnitt aussuchen und lesen**. Anschließend rennt es zum **Wendepunkt** und sucht das dazu **passende Wort bzw. Bild** heraus. Wieder zurück am Startpunkt, klatscht es das nächste Kind ab, das nun an der Reihe ist.
- ✦ Mit den anderen Gruppenmitgliedern wird sofort die **Lösung besprochen** und auf ein Plakat geklebt. Sollte die Gruppe dabei zu dem Ergebnis kommen, dass die Zuordnung nicht korrekt ist, wird das Lesematerial wieder zum Ausgangspunkt zurückgebracht.

Kontrolle der Ergebnisse

Der Lesestaffellauf endet, wenn alle Wörter bzw. Texte und Bilder einander zugeordnet auf dem Plakat kleben. Nun werten Sie die Ergebnisse aus. Dafür werden anhand der Plakate die Punkte für die Gruppe errechnet. Für jede richtige Zuordnung gibt es einen Punkt, für jeden Fehler einen Punkt Abzug. Auch für Schnelligkeit können Extra-Punkte verteilt werden: Beispielsweise bekommt die schnellste Gruppe drei Punkte zusätzlich, die zweitschnellste zwei und die dritte Gruppe einen.

Lesestaffelläufe

Hinweise zum Lesestaffellauf „Häufige Wörter" - Blitzlesen auf Wortebene

Bei der **Blitzleseübung „Häufige Wörter"** (Lesestaffellauf 1) müssen die Kinder **häufig vorkommende Wörter** möglichst schnell wiedererkennen. Deshalb gibt es bei diesem Staffellauf keine Bilder, sondern nur das Wortmaterial. Die Vorlage wird hierfür pro Gruppe 2-mal kopiert und jeweils am Start- und Wendepunkt ausgelegt. Legen Sie außerdem für jede Gruppe ein Plakat und einen Klebestift aus, sowie einen Stift, damit der gewählte Gruppenname auf das Plakat geschrieben werden kann.

Tipp: *Das schnelle Wiedererkennen der Wörter wird erleichtert, wenn die Kopiervorlage auf DIN A3 vergrößert wird.*

Bei diesem Lesestaffellauf müssen die Gruppen am Ende immer 2-mal das gleiche Wort neben- oder untereinander auf dem Plakat kleben haben.

Tipp: *Diese Art von Leseübung eignet sich auch, um längere und komplexere Lesetexte vorzuentlasten. Die Wortkärtchen sind schnell angefertigt und können für die jeweiligen Lesetexte individuell von Ihnen zusammengestellt werden. Indem die Kinder häufige oder wichtige Wörter aus dem Text bereits vorab gelesen und sich eingeprägt haben, wird das Textverständnis des eigentlichen Lesetextes vorentlastet.*

Hinweise zum Lesestaffellauf „In der Schule" - Sinnerfassung auf Wort- und Satzebene

Beim **Lesestaffellauf „In der Schule"** wird auf **Wort- und Satzebene** gearbeitet. Bei dieser Übung muss **einem Wort bzw. Sätzen das passende Bild zugeordnet** werden. Das Lesematerial enthält Wörter, einfache Sätze und komplexere Textabschnitte.
Die Schwierigkeitsgrade sind auch durch die bekannten Symbole (schwierig: Palme, mittel: Kaktus, leicht: Zweig) für die Kinder ersichtlich. Die Bilder und das differenzierte Lesematerial werden jeweils einmal pro Gruppe kopiert. Legen Sie zusätzlich für jede Gruppe ein Plakat und einen Klebestift aus, sowie einen Stift, damit der gewählte Gruppenname auf das Plakat geschrieben werden kann.
Die Gruppe kontrolliert bei diesem Lesestaffellauf, ob das Wort bzw. der Textabschnitt zum Bild passt, bevor beides aufgeklebt wird.

Hinweise zum Lesestaffellauf „Tierische Neuigkeiten" - Sinnerfassung auf Textebene

Im **Lesestaffellauf „Tierische Neuigkeiten"** (Lesestaffellauf 3) wird auf **Textebene** gearbeitet. Das Lesematerial steht bei dieser Übung in drei Schwierigkeitsniveaus zur Verfügung, die sich in Wortwahl, Textlänge und Komplexität unterscheiden. Der Schwierigkeitsgrad wird durch die Pflanzensymbole angezeigt. Die Bilder und das differenzierte Lesematerial werden jeweils einmal pro Gruppe kopiert. Legen Sie zusätzlich für jede Gruppe ein Plakat und einen Klebestift aus, sowie einen Stift, damit der gewählte Gruppenname auf das Plakat geschrieben werden kann.
Die Kinder müssen auch hier herausfinden, welches Bild zu ihrem Textabschnitt passt, und beides zusammen auf das Plakat kleben.

Tipp: *Um die Wartezeit für die Gruppen, die den Lesestaffellauf schon beendet haben, sinnvoll zu überbrücken, können die Kinder Tierrätsel anhand der Textabschnitte erstellen. Diese werden anschließend im Klassenverband gemeinsam gelöst.*

Lesestaffellauf: Häufige Wörter

ich	du	er
sie	es	dir
jeder	mich	euch
eure	unser	sein
kein	ein	dein
ab	am	als
aus	an	aber
auf	denn	dann
bis	über	unter
und	für	von
vor	viel	vom
wem	wann	wie
wenn	was	wo
warum	nach	noch
nicht	nie	nein

Lesestaffellauf: In der Schule (1/2)

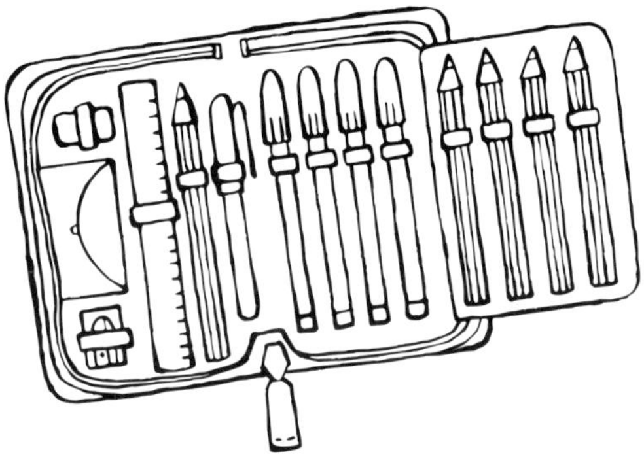

Abb.: Anja Boretzki

Abb.: Anja Boretzki

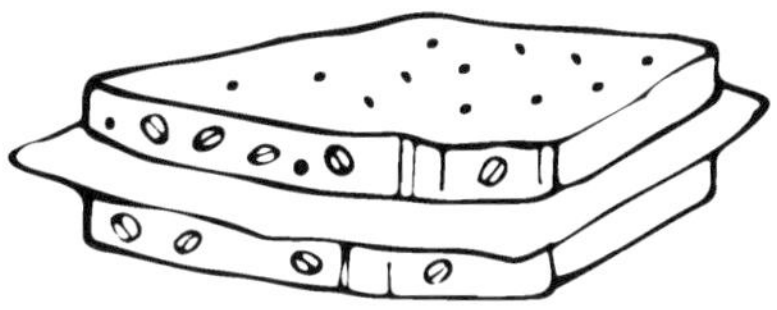

Abb.: Anja Boretzki

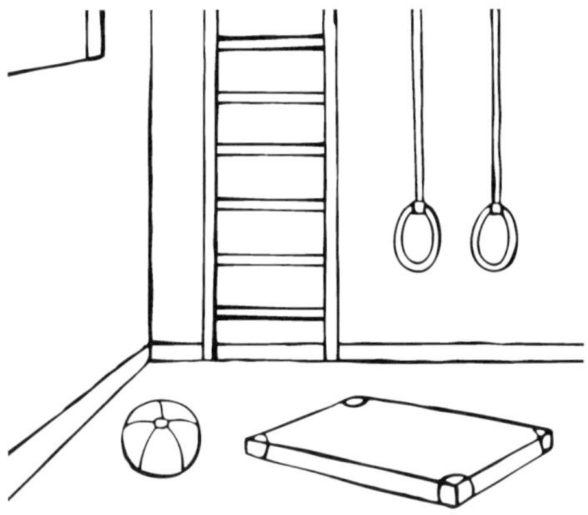

Abb.: Anja Boretzki

Abb.: Anja Boretzki

Abb.: Anja Boretzki

Abb.: Anja Boretzki

Abb.: Anja Boretzki

Lesestaffellauf: In der Schule (2/2)

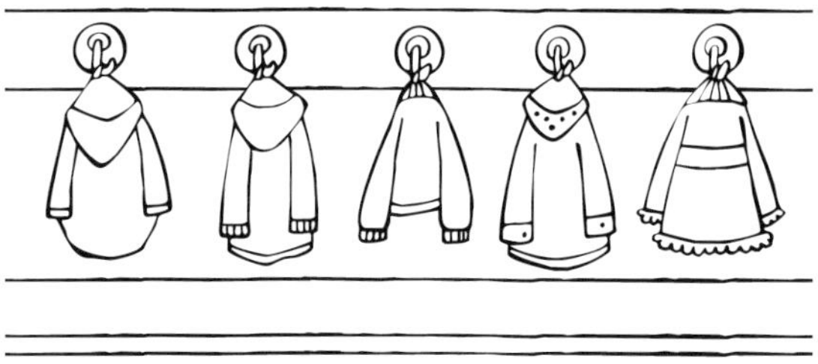

Abb.: Anja Boretzki

Abb.: Verlag an der Ruhr

Abb.: Anja Boretzki

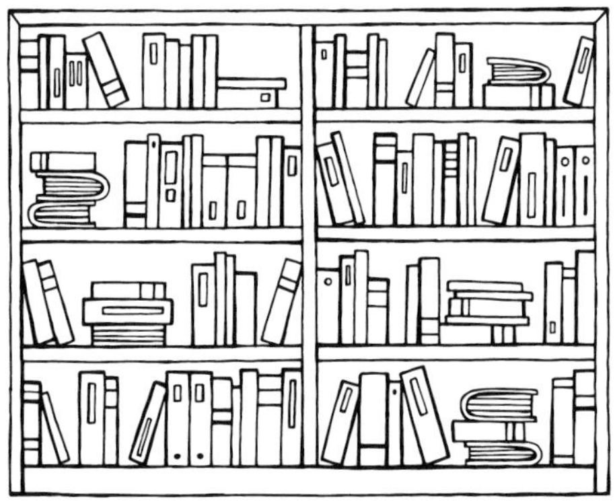

Abb.: Anja Boretzki

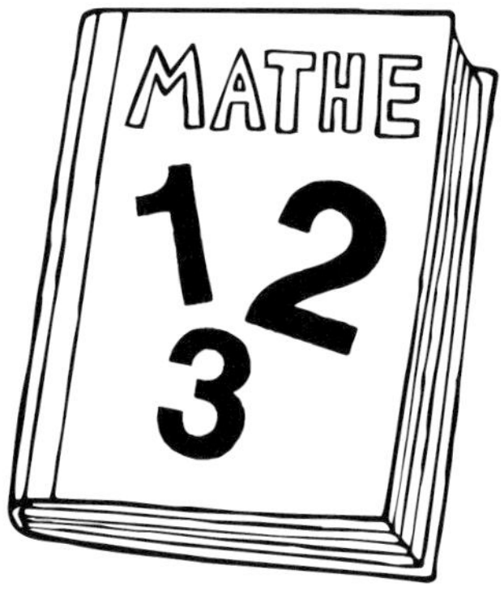

Abb.: Anja Boretzki

Abb.: Anja Boretzki

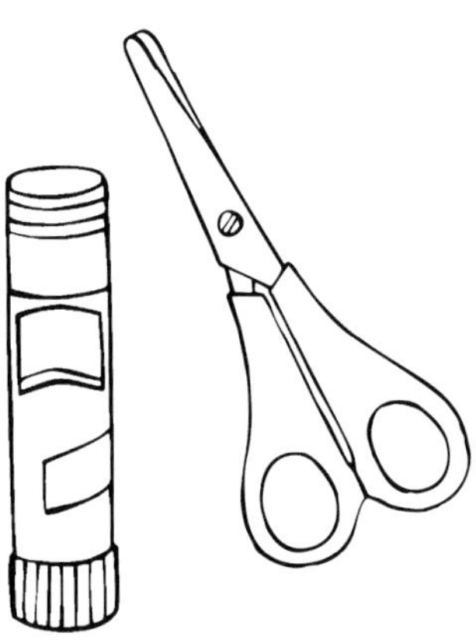

Abb.: Anja Boretzki

Abb.: © Aluna1 – Shutterstock.com

Lesestaffellauf: In der Schule (1/2)

Federmäppchen

Schulranzen

Pausenbrot

Turnhalle

Schulgarten

Vor der Schule sind noch keine Kinder zu sehen.

Viele Kinder fahren mit dem Schulbus zur Schule.

Manche Kinder kommen zu Fuß zur Schule.
Oft treffen sie sich unterwegs mit anderen
Kindern und laufen den Schulweg gemeinsam.

Die Kinder hängen ihre Jacken an die Garderobe.
Die Garderobe ist vor dem Klassenzimmer.

Um 8 Uhr beginnt die Schule.
Es ist ein lauter Gong zu hören.

Die Lehrerin steht an der Tafel
und erklärt die Aufgabe.

Lesestaffellauf: In der Schule (2/2)

Die zweite Schulstunde hat gerade begonnen. Bei der Klasse 4b steht nun das Fach Mathematik auf dem Stundenplan. Die Kinder packen ihr Deutschheft weg und holen ihr großes Matheheft hervor. Ob sie heute wieder mit dem Zirkel arbeiten? Der Lehrer verneint. Die Kinder der vierten Klasse sollen heute Plus-Aufgaben rechnen. Deshalb brauchen sie ihr Mathebuch.

Die Klasse 1a hat einen neuen Buchstaben gelernt. Sie haben schon sehr viel gearbeitet und machen jetzt eine kurze Bewegungspause. Der Lehrer startet die Musik, zu der die Kinder tanzen dürfen. Die Kinder kommen ganz schön aus der Puste! Nachdem das Lied zu Ende ist, holen sie deshalb ihre Trinkflasche hervor. Sie trinken einen Schluck, bevor der Unterricht weitergeht.

Die Klasse 3b möchte nun eine neue Fensterdekoration basteln. Dafür brauchen die Kinder ihre Schere und den Kleber. Da die Klasse im Sachunterricht gerade das Thema „Wald" bespricht, möchte die Lehrerin Tiere des Waldes basteln. Sie hat verschiedene Vorlagen dabei. Welches Tier sie basteln wollen, dürfen die Kinder selbst entscheiden.

Die Klasse 2a hat heute um 13 Uhr Schulschluss. Die Kinder packen ihre Hausaufgaben ein und räumen ihren Platz auf. Der Ordnungsdienst kehrt kurz vor Schulschluss das Klassenzimmer. Die Klasse verabschiedet sich von der Lehrerin und die Kinder laufen nach draußen. Um kurz nach 13 Uhr sind im Klassenzimmer keine Kinder mehr zu sehen.

Lesestaffellauf: Tierische Neuigkeiten (1/2)

Abb.: Norbert Höveler

Abb.: Norbert Höveler

Abb.: Norbert Höveler

Abb.: Norbert Höveler

Abb.: Norbert Höveler

Abb.: Norbert Höveler

Abb.: Norbert Höveler

Abb.: Norbert Höveler

Lesestaffellauf: Tierische Neuigkeiten (2/2)

Abb.: Petra Lefin

Abb.: Norbert Höveler

Abb.: Dorothee Wolters

Abb.: Norbert Höveler

Abb.: Norbert Höveler

Abb.: Norbert Höveler

Abb.: Eva Spanjardt

Abb.: Norbert Höveler

Lesestaffellauf: Tierische Neuigkeiten (1/3)

Viele Menschen mögen Hunde.
Sie haben Hunde als Haustiere.
Es gibt viele verschiedene Hunderassen.

Giraffen fressen gern Blätter. Mit ihrem langen Hals kommen sie an die Blätter oben in den Bäumen. Sie haben auch eine sehr lange Zunge.

Pferde sind sehr nützliche Tiere für den Menschen. Man kann auf ihnen reiten. Das haben früher schon die Ritter gemacht.

Vögel gibt es in allen Farben, Formen und Größen. Wusstest du, dass das schnellste Tier auf der Welt ein Vogel ist? Es ist der Wanderfalke.

Eisbären leben am Nordpol im Eis.
Sie überleben auch, wenn es sehr kalt ist,
und können sehr schnell rennen.

Wusstest du, dass die Katze das beliebteste Haustier in Deutschland ist? Ursprünglich besaßen die Menschen Katzen, damit diese Mäuse jagten. Auch heute noch erfüllen sie diese Funktion, wenn sie zum Beispiel auf dem Bauernhof leben. Viele Menschen mögen die Katzen auch, weil sie ein kuscheliges Fell haben.

Viele Menschen lieben Papageien, weil sie oft sprechen können. Die Vögel mögen es jedoch nicht, allein zu leben. Deshalb sollte man mindestens 2 Papageien anschaffen, wenn man sie als Haustiere halten möchte. Papageien sind oft Begleiter für ein ganzes Leben, denn sie können sehr alt werden.

Lesestaffellauf: Tierische Neuigkeiten (2/3)

Elefanten sind die schwersten Landsäugetiere, die es gibt. Sie können so viel wiegen wie mehrere Autos zusammen. Elefanten gelten als sehr kluge Tiere. Wusstest du, dass sie sich sogar im Spiegel selbst erkennen können? Das schaffen nur sehr wenige Tiere.

Schimpansen zählen zu den Menschenaffen. Sie gelten als sehr schlaue Tiere, die viele Dinge lernen können. Schimpansen haben auch eine ganz besondere Eigenschaft, die sie von anderen Tieren unterscheidet: Sie benutzen wie wir Menschen auch Werkzeuge.

Hast du schon einmal eine Schlange gesehen? Es gibt nicht nur Schlangen im Zoo, sondern sie kommen auch bei uns in Deutschland in der Natur vor. Zum Beispiel gibt es die Kreuzotter, die man jedoch nicht anfassen sollte. Denn diese Schlange ist giftig.

Wusstest du, dass der Tiger die größte Raubkatze auf der Erde ist? Auch wenn man in Zoos überall auf der Welt Tiger anschauen kann, ist ihre Heimat in Asien. Tiger sind Einzelgänger, das heißt, sie leben nicht mit anderen Tigern zusammen im Rudel.

Der Löwe wird häufig als der „König der Tiere" bezeichnet. Er zählt zu den Großkatzen und seine ursprüngliche Heimat ist in Afrika und Teilen Indiens. Löwen leben im Rudel zusammen, in dem sie bestimmte Aufgaben erfüllen. Während Männchen vor allem auf die Jagd gehen, kümmern sich die Weibchen in der Regel um den Nachwuchs.

Lesestaffellauf: Tierische Neuigkeiten (3/3)

Wusstest du, dass Hasen und Kaninchen nicht die gleichen Tiere sind? Sie unterscheiden sich zum Beispiel im Körperbau. Während Hasen eher groß und schlank sind und kräftige Hinterläufe besitzen, sind Kaninchen häufig kleiner. Typischerweise werden deshalb auch die Kaninchen als Heimtiere gehalten. Die Feldhasen, die du vielleicht schon einmal in der freien Natur gesehen hast, sind hingegen Wildtiere.

Bienen sind für den Menschen sehr nützliche Tiere, denn sie bestäuben Blüten. Das ist zum Beispiel wichtig, wenn man Obst und Gemüse anbauen möchte. Die Tiere leben in einem Bienenvolk zusammen. Wusstest du, dass jede Biene im Volk eine bestimmte Aufgabe erfüllt? Die meisten Bienen sind Weibchen. Die Chefin des Bienenvolks nennt man Königin. Sie ist das einzige Weibchen, das für Nachwuchs sorgt. Dafür braucht sie die männlichen Bienen, die auch Drohnen heißen. Die restlichen Weibchen sind Arbeiterinnen und kümmern sich um verschiedene Aufgaben, wie das Futtersammeln.

Ameisen leben in Völkern zusammen, in denen jede Ameise eine bestimmte Funktion übernimmt. Dabei unterscheidet man die Königin, die Männchen und die Arbeiterinnen. Ameisen sind sehr stark und können ein Vielfaches ihres eigenen Gewichts tragen. Sie sind für die Natur nützlich, denn sie lockern den Boden, sodass Pflanzen besser Wurzeln schlagen können. Doch wusstest du, dass die Ameisen zumindest zeitweise auch fliegen können? Nur die Arbeiterinnen haben keine Flügel.

Auch wenn man denkt, dass Wale Fische sind, handelt es sich dabei um Säugetiere. Man merkt das zum Beispiel daran, dass sie ihre Jungen lebendig zur Welt bringen und dann mit Muttermilch säugen. Wie wir Menschen auch müssen die Wale immer wieder auftauchen, um Luft zu holen. Sie haben keine Kiemen wie die Fische, mit denen sie unter Wasser atmen können.

Lesespiele

Didaktisch-methodische Anmerkungen

Die Lesespiele können als **kurze Bewegungseinheiten** zwischen verschiedenen Unterrichtsphasen eingesetzt werden. Ziel ist dabei, dass die Kinder einen **Satz sinnentnehmend lesen** und ihn **pantomimisch** in eine passende Bewegung umsetzen.

Aufbau der Spielkarten

Die Lesespiele enthalten **24 Kärtchen**. Jedes Kärtchen (bis auf die Startkarte) besteht dabei aus zwei Teilen: Der obere Teil (gekennzeichnet mit einem Augen-Icon) enthält einen Satz über eine Aktivität, die ein anderes Kind ausführt, z. B. „Ein Kind steht auf einem Bein wie ein Flamingo". Hier müssen die Schüler*innen nur **beobachten, ob ein anderes Kind diese Handlung ausführt**. Wenn sie also bemerken, dass jemand wie in dem genannten Beispiel auf einem Bein steht, sind sie an der Reihe, den unteren Teil des Kärtchens (gekennzeichnet mit einem Bewegungs-Icon) **selbst in eine Bewegung umzusetzen**. So entsteht eine **Kettenreaktion**, bis die Lerngruppe beim letzten Kärtchen angelangt ist.
Wichtig dabei ist: Das Sprechen ist bei diesem Spiel nur in bestimmten Phasen erlaubt. Die Kinder, die gerade an der Reihe sind, sollen das Gelesene rein pantomimisch in eine Bewegung umsetzen (außer die Spielkarte enthält eine andere Anweisung). Aber auch die mitratenden Kinder sollen die Lösungen für sich behalten und sich nur bemerkbar machen, wenn sie an der Reihe sind.

Lesespiele im Unterricht

Vorbereitungen

→ **Kopieren Sie die Spielkarten und schneiden Sie sie aus.**
Ggf. können Sie die Karten laminieren, um sie auch für weitere Spieldurchgänge nutzen zu können.

→ **Teilen Sie die Karten aus, sodass jedes Kind eine Karte erhält.**
Sollten mehr Karten als Schüler*innen zur Verfügung stehen, können lesestarke Kinder zwei Aufgabenkärtchen bekommen. Spielen mehr Kinder mit, als es Karten gibt, kann das Spiel in 2er-Teams durchgeführt werden und jedes Paar teilt sich die Spielkarten. Zur Entlastung der leseschwächeren Kindern sind wichtige Begriffe auf den Karten fett gedruckt.

Durchführung

→ **Das Kind mit der Startkarte beginnt das Spiel.**
Es liest leise seinen Satz (z. B. „Hüpfe wie ein Frosch und quake") und setzt ihn in eine Bewegung um.

→ **Die anderen Schüler*innen beobachten die Handlung** und überlegen, ob diese zum oberen Satz auf ihrem Kärtchen passt.
Ist dies der Fall, meldet sich das betroffene Kind (auf dessen Karte steht „Ein Kind hüpft wie ein Frosch"). Damit signalisiert es, dass es nun an der Reihe ist.

→ **Bevor die neue Bewegung ausgeführt wird, löst die Lerngruppe auf, was pantomimisch dargestellt wurde.**
Dadurch bleiben auch die Kinder, die schon an der Reihe waren, weiterhin kognitiv aktiviert.

→ **Das nächste Kind führt die Bewegung auf seiner Karte aus.**
Die anderen Kinder beobachten wieder, melden sich, wenn sie an der Reihe sind, usw. Es empfiehlt sich, die Kopiervorlage immer griffbereit zu haben. Sollte der Spielfluss ins Stocken geraten, weil ein Kind z. B. seinen Einsatz verpasst, lässt sich schnell herausfinden, wer als Nächstes dran ist.

→ **Das Spiel endet bei dem Kind mit dem letzten Spielkärtchen, auf dem steht „Du beendest das Spiel."**

Lesespiel 1: Tierischer Bewegungsspaß (1/4)

Du beginnst das Spiel. Rufe: **„Start!“**	Ein Kind hüpft wie ein **Frosch**.
Hüpfe wie ein **Frosch** und quake.	Fliege wie ein **Schmetterling**.
Ein Kind fliegt wie ein **Schmetterling**.	Ein Kind kriecht wie eine **Schlange**.
Krieche wie eine **Schlange** und zische.	Krähe wie ein **Hahn** und flattere mit den Flügeln.
Ein Kind kräht wie ein **Hahn**.	Ein Kind galoppiert wie ein **Pferd**.
Galoppiere wie ein **Pferd**.	Tröte wie ein **Elefant**. Dein Arm ist der Rüssel.

Lesespiel 1: Tierischer Bewegungsspaß (2/4)

Ein Kind trötet
wie ein **Elefant**.

Ein Kind macht
sich groß
wie eine **Giraffe**.

Mache dich groß
wie eine **Giraffe**.

Mache dich klein
und piepe
wie eine **Maus**.

Ein Kind piept
wie eine **Maus**.

Ein Kind schleicht
wie eine **Katze**.

Schleiche wie eine **Katze**
und miaue leise.

Trommle wie ein **Affe**
auf deine Brust.

Ein Kind trommelt
wie ein **Affe**
auf seine Brust.

Ein Kind watschelt
wie ein **Pinguin**.

Watschle
wie ein **Pinguin**.

Stehe auf einem Bein
wie ein **Flamingo**.

Lesespiel 1: Tierischer Bewegungsspaß (3/4)

Ein Kind steht auf einem Bein wie ein **Flamingo**.	Ein Kind brüllt wie ein **Löwe**.
Fahre deine Krallen aus und brülle wie ein **Löwe**.	Laufe und belle wie ein **Hund**.
Ein Kind bellt wie ein **Hund**.	Ein Kind summt wie eine **Biene**.
Summe wie eine **Biene** und pikse in die Luft.	Watschle wie eine **Ente** und quake.
Ein Kind watschelt wie eine **Ente**.	Ein Kind pustet wie ein **Kugelfisch** seine Backen auf.
Puste wie ein **Kugelfisch** deine Backen auf.	Breite wie ein **Adler** deine Flügel aus.

Lesespiel 1: Tierischer Bewegungsspaß (4/4)

Ein Kind breitet
wie ein **Adler**
seine Flügel aus.

Ein Kind zwickt
wie ein **Krebs**
in die Luft.

Zwicke wie ein
Krebs mit den Scheren
in die Luft.

Mache mit deinen Fingern
Hasenohren.

Ein Kind
macht **Hasenohren**.

Ein Kind ruft
wie eine **Kuh**.

Laufe und rufe
wie eine **Kuh**.

Benutze deine Hände
als Hörner wie
bei einem **Stier**.

Ein Kind macht Hörner
wie beim **Stier**.

Ein Kind schreit
wie ein **Esel**.

Laufe und schreie
wie ein **Esel**.

Hüpfe wie ein **Känguru**
und rufe laut:
„Ende!“.

Lesespiel 2: Beruferaten (1/4)

Du beginnst das Spiel.
Rufe: **„Start!"**

Ein Kind ist ein **Fotograf** oder eine **Fotografin**.

Du bist ein **Fotograf** oder eine **Fotografin**.

Du bist ein **Tänzer** oder eine **Tänzerin**.

Ein Kind ist ein **Tänzer** oder eine **Tänzerin**.

Ein Kind ist ein **Sänger** oder eine **Sängerin.**

Du bist ein **Sänger** oder eine **Sängerin**.

Du bist ein **Bäcker** oder eine **Bäckerin**.

Ein Kind ist ein **Bäcker** oder eine **Bäckerin**.

Ein Kind ist ein **Fußballspieler** oder eine **Fußballspielerin**.

Du bist ein **Fußballspieler** oder eine **Fußballspielerin**.

Du bist ein **Topmodel**.

Lesespiel 2: Beruferaten (2/4)

Ein Kind ist ein **Topmodel**.

Ein Kind ist ein **Tennisspieler** oder eine **Tennisspielerin**.

Du bist ein **Tennisspieler** oder eine **Tennisspielerin**.

Du bist ein **Gitarrenspieler** oder eine **Gitarrenspielerin**.

Ein Kind ist ein **Gitarrenspieler** oder eine **Gitarrenspielerin**.

Ein Kind ist ein **Friseur** oder eine **Friseurin**.

Du bist ein **Friseur** oder eine **Friseurin**.

Du bist ein **Gärtner** oder eine **Gärtnerin**.

Ein Kind ist ein **Gärtner** oder eine **Gärtnerin**.

Ein Kind ist eine **Reinigungskraft**.

Du bist eine **Reinigungskraft**.

Du bist ein **Maler** oder eine **Malerin**.

Lesespiel 2: Beruferaten (3/4)

Ein Kind ist ein **Maler** oder eine **Malerin**.

Ein Kind ist ein **Verkäufer** oder eine **Verkäuferin**.

Du bist ein **Verkäufer** oder eine **Verkäuferin**.

Du bist ein **Busfahrer** oder eine **Busfahrerin**.

Ein Kind ist ein **Busfahrer** oder eine **Busfahrerin**.

Ein Kind ist ein **Dirigent** oder eine **Dirigentin**.

Du bist ein **Dirigent** oder eine **Dirigentin.**

Du bist ein **Lehrer** oder eine **Lehrerin**.

Ein Kind ist ein **Lehrer** oder eine **Lehrerin**.

Ein Kind ist ein **Sekretär** oder eine **Sekretärin**.

Du bist ein **Sekretär** oder eine **Sekretärin**.

Du bist ein **Angler** oder eine **Anglerin**.

Lesespiel 2: Beruferaten (4/4)

Ein Kind ist ein **Angler** oder eine **Anglerin**.

Ein Kind ist ein **Geigenspieler** oder eine **Geigenspielerin**.

Du bist ein **Geigenspieler** oder eine **Geigenspielerin**.

Du bist ein **Bauarbeiter** oder eine **Bauarbeiterin**.

Ein Kind ist ein **Bauarbeiter** oder eine **Bauarbeiterin**.

Ein Kind ist ein **Zahnarzt** oder eine **Zahnärztin**.

Du bist ein **Zahnarzt** oder eine **Zahnärztin**.

Du bist ein **Koch** oder eine **Köchin**.

Ein Kind ist ein **Koch** oder eine **Köchin**.

Ein Kind ist ein **Detektiv** oder eine **Detektivin**.

Du bist ein **Detektiv** oder eine **Detektivin**.

Du bist ein **Kellner** oder eine **Kellnerin** und rufst laut: **„Ende!"**

Literaturverzeichnis

Artelt, Cordula; Stanat, Petra; Schneider, Wolfgang; Schiefele, Ulrich:
Lesekompetenz: Testkonzeption und Ergebnisse. In: Deutsches PISA-Konsortium (Hrsg.): PISA 2000. Basiskompetenzen von Schülerinnen und Schülern im internationalen Vergleich, Leseke + Budrich: Opladen 2001, S. 69–140.

Bismarck, Kristina:
Leseförderung als Aufgabe wahrnehmen. In: Abraham, Ulf; Knopf, Julia (Hrsg.): Deutsch – Didaktik für die Grundschule. Cornelsen Schulbuchverlag: Berlin 2021, S. 13–23.

Brägger, Gerold; Hundeloh, Heinz; Posse, Norbert; Städtler, Hermann:
Bewegung und Lernen. Konzept und Praxis Bewegter Schulen, Beltz: Weinheim Basel, 2. Auflage 2020.

Korte, Martin:
Wie Kinder heute lernen: Was die Wissenschaft über das kindliche Gehirn weiß. Das Handbuch für den Schulerfolg, Deutsche Verlags-Anstalt: München, 3., vollst. überarb. Auflage 2010.

Kubesch, Sabine:
Der Sport macht's! In: Kubesch, Sabine: Exekutive Funktionen und Selbstregulation. Neurowissenschaftliche Grundlagen und Transfer in die pädagogische Praxis, Bern: Hogrefe, 2., aktualisierte und erweiterte Auflage 2016, S. 137–160.

OECD (Hrsg.):
PISA 2009 Ergebnisse: Was Schülerinnen und Schüler wissen und können. Schülerleistungen in Lesekompetenz, Mathematik und Naturwissenschaften (Band I). wbv: Berlin 2010.

Rosebrock, Cornelia; Nix, Daniel:
Grundlagen der Lesedidaktik und der systematischen schulischen Leseförderung. Schneider: Baltmannsweiler, 9., aktualisierte Neuauflage 2020.

Rost, Detlef H.; Buch, Susanne R.:
Leseverständnis. In: Rost, Detlef H.; Sparfeldt, Jörn R.; Buch, Susanne R. (Hrsg.): Handwörterbuch Pädagogische Psychologie, Beltz: Weinheim, 4. Auflage 2010, S. 507–520.

Schmidt, Steffen C. E.; Burchartz, Alexander; Kolb, Simon; Niessner, Claudia; Oriwol, Doris; Hanssen-Doose, Aanke; Worth, Anette; Woll, Alexander:
Zur Situation der körperlich-sportlichen Aktivität von Kindern und Jugendlichen während der Covid-19 Pandemie in Deutschland: Die Motorik-Modul Studie (MoMo). Karlsruher Institut für Technologie: Karlsruhe, KIT Scientific Working Papers 165, 2021.

Ziegler, Sina:
Lernen in Bewegung. Lesespaziergänge. In: Praxis Grundschule. Ausgabe 6/22, Westermann: Braunschweig 2022, S. 46–47.

Hintergrundwissen zu verschiedenen Tieren zum Nachlesen: https://www.planet-wissen.de/, aufgerufen am 22.01.2023

Eigene Notizen